「よど号」事件 最後の謎を解く

対策本部事務局長の回想

島田滋敏

草思社文庫

「よど号」事件　最後の謎を解く◉目次

本文写真＝毎日新聞社
図版制作＝アート・ライフ（小笠原 諭）

文庫版のためのまえがき

本書の単行本〔『よど号事件 三十年目の真実』〕は二〇〇二年一月に刊行されたから、それからすでに十四年を経過している。その間に「よど号」事件について、いろいろのメディアがとりあげた。特によど号が、犯人グループの要求した北朝鮮の平壌《ピョンヤン》の飛行場ではなく韓国・金浦《キンポ》空港に降りた謎について取り沙汰されてきた。

当時「よど号」の管制にあたった韓国空軍管制官蔡熙錫《チエヒソク》氏の管制情況は、同氏によって録音テープから書き起こされた記録や勤務日誌が、二〇〇三年七月号の『月刊朝鮮』に〝「よど号」事件の深層スクープ〟という題で掲載された。さらに二〇〇六年三月には、韓国政府が「よど号」事件の外交文書を公開した。

新聞、テレビなど日本のマスメディアが専ら関心を示したのは、本書で述べている金浦空港への着陸の謎の解明（推測）と、韓国政府が二〇〇六年に発表した外交文書の内容とが全く異なる点で、それについての問い合せが私のもとに多く寄せられた。

この点をさらに解明し、「よど号」に乗っていた謎の人物、アメリカ人神父のその後についても知り得たことを記し、「よど号事件」にかかわる秘められた国際政治の一端などに筆をすすめた。これらは「文庫版のためのあとがきに代えて——最後の謎を解く」として巻末にまとめた。

平成二十八年九月

島田滋敏

はじめに――「よど号」事件、いまだ終わらず

昭和四十五年（一九七〇）年三月十四日深夜。早春の肌寒い疾風《はやて》が吹き抜ける東京、山手線駒込駅前の喫茶店から、十人ばかりの男たちがバラバラとでてきて寝静まった街に消えていった。無謀な武力闘争に失敗し、警察当局からの厳しい追及によって追いつめられた赤軍派が国外に活動の拠点を求めて日本脱出を目指し、ハイジャック作戦を謀議した直後のことである。おりしもこの日は、大阪で「日本万国博覧会」がオープンする前日で、日本中がはなやいだ気分にひたっていた。

その半月後の三月三十一日、「よど号」ハイジャック事件が発生した。午前七時四十分、羽田発福岡往きの日航機「よど号」が赤軍派と名乗る犯人によって、富士山上空でハイジャックされた。犯人らは北朝鮮のピョンヤン〔平壌〕に向かうよう要求した。三日後、乗客は韓国金浦《キムポ》空港で救出され、犯人グループは北朝鮮入りに成功した。人質となった山村新治郎《やまむらしんじろう》運輸政務次官とコックピット・クルー、それに機体は四月五日、無事帰還し、日本中を震撼させた「よど号」事件は幕を閉じた。

三十一年の歳月が流れ、平成十三（二〇〇一）年五月十五日、「よど号」ハイジャック犯の娘三人〔田中義三の長女、小西隆裕の長女、故田宮高麿の長女〕が日本に一時帰国した。

彼女たちはいずれも、日本人として「望郷の念やみがたく」祖国日本への帰国を願って、入国申請を幾度となくおこなっていたという。日本国内では人道の名のもとに、犯人の妻子を受け入れる支援グループが活発に動いた。

おおかたの日本人は、子供たちに罪はなく、人道的観点から帰国させるべきだと思ったことだろう。しかし、ハイジャック犯らの負った宿命はそんなに単純な情緒的判断で片づくものではない。子供たちの帰国も、まだまだ尾を引くであろうこの事件の一通過点にすぎないように思えてならない。

北朝鮮というきわめて特殊な思想的体制国家のなかで、かつての最高権力者金日成《キムイルソン》首領の指令のもとに、「よど号」の犯人たちはチュチェ〔主体〕思想を徹底的にたたきこまれ、かれらの人間改造はみごとに成功した。そしてかれらが首領様の忠実な信奉者となって、三十年にわたり世界各地で数々の事件を起こし、工作活動を展開してきたのをみると、犯人とその家族に課せられた使命はいまだ終わっておらず、果たすべき役割の真相が「字隠《じかくし》」のごとく私には読めてくる。

事件が発生した当日の深夜、私は日本航空の現地対策本部要員として金浦空港へ飛んだ。そして機内の犯人と管制塔にいた日韓政府代表との無線によるやりとりを逐一傍受し、犯人たちの心境が時間の経過とともに変化していくのを知り、赤軍派の若者たちの甘えた精神構造があぶりだされてくるのをみた。また、頻繁にもたれた政府間の対策会議に出席し、日韓両国の対処方針の違いがしだいに浮き彫りになっていく過程も目撃した。

歴史にイフはない。しかし、当時やかましくいわれた日本の世論や政府の方針にしたがって事件が金浦空港でなく、ピョンヤンで解決されていたなら、乗客の一部の人たちにはまったくべつの運命が待ち受けていたのではなかろうか。事件発生当初、北朝鮮政府が「よど号」を受け入れるといった真意はどこにあったのか、私は自らの見聞をもとに、事件後じっくりと考えてみた。

私は歴史にあえてイフを設け、それを念頭におきながら、もう一度「よど号」事件の経過をたどり検証してみたいと考えてペンをとることにした。

福岡からピョンヤンを目指して飛び立った「よど号」が、なぜ金浦空港に降ろされたのか、いまだに謎とされていることについても本書で解明したいと思っている。事件が重要な局面を迎えたとき、日本側の対策委員の一人が下した沈着かつ適切な判断、犯人説得にあたり一貫してとった韓国政府の峻烈な態度など、発生から終結にいたるまで、関係者が最大限努力していた接点にいたため、私にしか知りえなかった事実もある。私はここでそれらも明らかにしたいと思う。

プロローグ　現地対策本部へ

「島田君、斎藤〔進〕専務が対策本部へ来てくれといっとるよ」

上司の奥泉〔省吾〕次長が私の席まで来ると、いった。

「小田切〔春雄〕取締役が現地対策本部長になって金浦空港へ行くことになった。斎藤専務から『誰かしっかりした者を運送部〔空港での旅客サービスの企画を担当する〕から付けてやれ。誰がいいか』と聞かれたので、キミを推薦しといた。頼むよ」と奥泉次長が私の耳もとで付け加えた。

「よど号」ハイジャック事件が発生した日の午後五時ごろであった。

昭和三十一（一九五六）年四月、四国松山から上京し、日本航空第五期の新卒として入社した私は経理部に配属され、五年後に運送サービス部に転勤となり、丸の内の本社から羽田空港内にある日本航空オペレーション・センターへ移った。

その後、昭和四十（一九六五）年六月、パリ支店総務マネージャーとしてフランスに赴任した。当時は日本航空が急成長している時期であり、シャンゼリゼ通りのなかほどに出店したパリ支店は、私の在任中に拡張された。東京―モスクワ―ヨーロッパへの新規路線を開設する直前でもあった。

昭和四十三（一九六八）年、カルチェラタンでの学生デモに端を発した、いわゆるパリの五月革命が起き、長期にわたるド・ゴール政権が揺らいだ。ド・ゴール大統領が改革の一環として打ち出した大学の管理体制強化に反対した学生たちは、連日デモとバリケードでパリを封鎖し、「学生コミューン」をつくった。その二年前には中国で文化大革命がはじまっていた。日本でも、「造反有理」を叫ぶ紅衛兵や学生運動の活動家に共感する知識人、文化人は多かった。

五月には八百万人におよぶ全国規模の労働者のストライキがくり広げられ、フランス国内は騒然とした。長引くゼネストのため交通網は麻痺し、パリのメトロも止まった。ガソリン不足から車も動かなくなり、市民は八方ふさがりとなった。

パリの五月はようやく昼間の時間が長くなり、やわらかな陽射しがマロニエの深い緑におどり、一年でもっとも美しい季節となる。例年ならシャンゼリゼ通りは観光客でにぎわうが、この年、街は生彩を欠いていた。ある朝、電力会社労組の抜き打ちストにあった私は、幼稚園に通う娘と二人でアパートのエレベーターに閉じ込められ、階のあいだで停まった真っ暗な箱のなかで立往生したことがある。酸素不足で死にいたるのではないかという恐怖感を私はいまだに忘れられない。

この五月革命を終わらせたのは三色旗と「ラ・マルセイエーズ」であり、その場に居合わせた私は国旗や国歌にたいするフランス人の忠誠心を目の当たりにした。

五月三十日午後三時すぎのことだった。パリ支店の二階のオフィスから通りを見下ろしていると、凱旋門のほうから車椅子に乗った年老いた傷痍軍人三、四十人の横隊がコンコルド広場に向かってやって来るのが見えた。目をこらすと、かれらは胸のポケットに小さな三色旗をたて、第二次世界大戦の戦友らしい老人が車椅子を押していた。くたびれた連隊旗を掲げた老兵がつづき、さらにその後ろにはフランス国旗をもった人たちが横隊になって進んできた。総勢百人ほどの静かなデモ行進であった。

後ろに立って見ていたフランス人スタッフの女性が「あれはゴーリスト〔ド・ゴール派〕のデモで、誰からも相手にされません。ナンセンスなデモですよ。カルチェラタンやバンドーム広場では十万人以上の学生や労働者がド・ゴール政権打倒のシュプレヒコールをあげています」といった。海外勤務では、政治と宗教の話はタブーとされていたので、私は黙して答えなかった。

三色旗が支店の前を通りすぎようとしたあたりで、老兵たちが「ラ・マルセイエーズ」を歌いだした。沿道にいた人びとのなかから唱和する者がでて、歌声はしだいに大きくなり、やがてシャンゼリゼにこだました。通行人や勤め人がデモに加わっていった。ド・ゴール派だけでなく反ゼネスト派や救国派の人びとだったようだ。この様子をテレビで知ったパリ市民がつぎつぎと集まり、デモは夜半までつづいた。これでド・ゴール大統領の改革は広く市民に支持されたかたちとなり、学生と労働者は敗北を認め、かくして五月革命は一夜にして終息したのだった。

同じ年の八月にはチェコスロバキアで「プラハの春」が起きた。この年の一月、改革派のドプチェクがチェコ共産党の第一書記に就任し、春以降、作家同盟や知識人を中心とする党内改革派の主導で自由化、民主化が試みられた。国民は圧倒的にこれを支持したが、ソ連をはじめ東欧の共産党指導者はこの動きが自国に波及することをおそれ、八月二十日、おもにソ連軍からなるワルシャワ条約機構軍六十万をチェコに侵攻させ、自由を叫んだチェコの人びとはソ連軍戦車の前に抑えつけられた。

おりしもバレーボールの世界選手権大会が開かれていたプラハから、松平康隆《まつだいらやすたか》監督はじめ日本選手団が命からがら陸路でパリに脱出してきた。私はパリ支店を訪れた松平氏らと食事をしながら、そのすさまじい情況を聞いた。

松平氏の話によれば、八月二十日深夜、戦車、装甲車の大群が国境を越えてチェコスロバキアになだれ込んできたという。突然の侵入にたいして、一説によると三十万にのぼるプラハ市民は市内のいたるところでデモや道路封鎖をおこない、戦車に放火して抵抗した。しかし戦車はかれらをキャタピラで踏みにじり、血を流して倒れる人たちがあちこちに見られた。市内は戦場と化した。ホテル、レストランは店を閉め、食事もできなくなった。松平氏は国外への脱出を試みたが、市外へ通じる道路はソ連の戦車や装甲車で封鎖され、空港も鉄道の駅も閉鎖されていた。唯一の脱出手段はバスを使うものだったが、これも避難民でいっぱいで途方に暮れてしまった。

たまたま通りかかったハンガリー行きのバスの車掌に頼みこんで乗せてもらい、ハンガリー領へ入ることができ、そこからまたバスを乗り継いでオーストリアへたどり着き、ウィーンからパリへ来ることができたということであった。

「幸いにもハンガリー行きのバスが来たからよかったが、あれがなければ、いまごろどうなっていたか、考えただけでも背筋が寒くなりますよ」と松平氏は語った。

米・ソ冷戦時代の真っ最中だった。ヨーロッパ各地を舞台に東西の情報戦がはなばなしく展開されていた。パリはその中心のひとつであり、アメリカの情報機関〔CIA〕はどのような職業のなかに工作員をもぐり込ませているか、私はその筋のフランス人から聞いたことがある。このとき得た知識が「よど号」事件のさいに判断材料として生かされようとは、むろん当時は知る由もなかった。

翌四十四（一九六九）年十二月、四年半のパリ勤務を終えた私は航務本部運送部業務課に帰任した。「よど号」ハイジャック事件の四カ月ほど前のことであった。

第1章　ハイジャック

午前七時四十分、富士山上空

昭和四十五（一九七〇）年三月三十一日、羽田空港の気象は東北東の風、風力四メートル、快晴であった。羽田七時十分発福岡往きＪＡＬ三五一便「よど号」は定刻に遅れること約十分、乗客百三十一名を乗せてＡ滑走路を北西に向かって離陸した。

朝陽はすでに東の空に輝いており、視界はきわめて良好。満席の機内は春休みの子供とともに旅を愉しむ家族もあって、なごやかな雰囲気だった。

しだいに高度をとりながら機は木更津、房総半島上空をよぎって右に旋回し、相模湾にでた。スチュワーデスのおしぼりサービスが終わり、やがて右には春雪に輝く富士山の美しい姿が視界に入ってきた。

と、そのときだった。前方の席に座っていた五、六人の男が立ち上がると操縦室のほうへ走っていき、ドアを開けると怒鳴った。

「手をあげろ！」

「航路を変えて北朝鮮へ行け！」

時計は午前七時四十分を指していた。

二人の男がピストルと日本刀を石田真二《いしだしんじ》機長と江崎悌一《えざきていいち》副操縦士に突きつけた。

「われわれは赤軍派だ。この飛行機をハイジャックしてピョンヤンへ行く。われわれは機内を制圧した。おとなしくすれば危害は加えない。ピョンヤンへ行け！」

「ピョンヤンへ行くには燃料が足りない。どこかで給油しないとだめだよ」

石田機長は答えた。

かたわらにいた江崎副操縦士は黙したまま犯人をチラッと見ると、ハイジャック・コードのボタンを静かに押した。

ハイジャック・コードはただちに横田の米軍基地、羽田と所沢の管制塔、そして浜松にある航空自衛隊のコントロール・レーダーへ通報された。

昭和四十二（一九六七）年ごろから、中近東、中南米で政治目的によるハイジャック事件が多発していた。私が所属する運送部ではハイジャック対策、とくにその予防措置を検討する段階に入っていた。しかし、暴力集団にたいする日本の治安体制はよくととのっていて国民の信頼も厚く、ハイジャック発生の現実味は薄いと思われていた。

だが、実際にはよもやと見られていた非常事態が日本航空を襲ったのだ。

事件発生直後からの動きを追ってみる。

〈午前七時四十二分〉

石田機長――こちらJAL三五一便。羽田オペレーション・センターへ報告します。赤軍派と自称する学生に機を乗っ取られ、かれらはピョンヤンへ行けといっているが、ピョンヤンへ直行するには燃料が足りないと説得中です。

日航運航管理センター――JAL三五一便へ。了解した。ところで犯人は何人ですか。

石田機長――わからないが、七、八名ぐらいだと思います。

〈午前七時四十五分〉

これを受けた羽田の運航管理室（コックピット・クルーに飛行計画、気象情報を提供する部門。ディスパッチャーが所属）は、警視庁指令室に一一〇番通報し、「よど号」がハイジャックされたことを報告。警視庁から警察庁へ、さらに防衛庁へと緊急通報された。

〈午前七時五十二分〉

航空自衛隊浜松基地よりF86戦闘機二機がスクランブル発進して「よど号」の追跡を開始する。

〈午前七時五十三分〉

石田機長より日航大阪空港支店へ。

「福岡板付空港に着陸する。福岡で給油したら北朝鮮へ向かうので、必要な針路を知らせてくれ。それから、北朝鮮にできるかぎり連絡して受け入れを頼んでくれ。天候は良好のようなので有視界飛行でゆく。犯人は爆弾をもっている。機内からの指示どおりにやってくれ」

〈午前八時二十分〉

日本航空は羽田オペレーション・センター内の会議室に「よど号ハイジャック事件対策本部」を設置、斎藤航務本部〔運航・客室関係および空港でのあらゆる現業部門を統括する本部〕長を対策本部長に指名する。ほかに運送、管理、運航、整備、技術の関係部長が対策委員となり、緊急会議を開く。

本社対策本部のメンバーはつぎのとおりであった。

対策本部長＝航務本部長専務取締役・斎藤《さいとう》進《すすむ》
副本部長＝航務本部副本部長取締役・小田切《おだぎり》春雄《はるお》
副本部長＝整備本部長専務取締役・富永《とみなが》五郎《ごろう》
委員（関係部長）＝運送部長・野村《のむら》豊吉《とよきち》
運送部次長・奥泉《おくいずみ》省吾《しょうご》
管理部長・茂呂《もろ》豊《ゆたか》

管理部次長・龍崎《りゅうざき》隆昌《たかまさ》
運航基準部長・長野《ながの》秀麿《ひでまろ》
運航乗員部長・富田《とみた》多喜雄《たきお》
整備技術部長・野田《のだ》親則《ちかのり》

会議では「よど号」の行方を見守りながら、乗客の安全を最優先するとの方針を決め、斎藤本部長は、とくに政府当局とは連絡を密にするよう指示した。

〈午前八時二十分〉

石田機長より日航本社へ。

「ただいま岩国上空を通過中。学生は爆弾を使用することも辞さないといっております。ピョンヤンのデータをいただきたい。学生はこの通信をモニター〔傍受〕しているので、こんごは機内からの通報により、ことを運んでください。くれぐれも注意するように」

〈午前八時三十七分〉

石田機長より日航本社へ。

「予定どおり岩国上空を通過した。ところで、韓国を通らないで、釜山《プサン》の東側を通って北上し、ピョンヤンへ向かうつもりですが、ピョンヤンまでの距離と必要な燃料を知らせてください。福岡では給油するだけです」

〈午前八時五十九分〉

「よど号」、福岡の板付空港へ着陸。ゆっくりと五番スポットへ向かった。

犯人より管制塔へ。

「いっさいの権力を近づけるな。近づけなければ、お客やクルーに危害を加えない」

石田機長より管制塔へ。

「警察は絶対に近づけさせないで。赤軍派が北朝鮮に連絡がとれないか聞いております。あらゆる手段をつくして北朝鮮と連絡をとってください」

機が停止すると、日航の整備士に混じってグリーンの帽子、白い作業衣をつけた福岡県警の刑事たちが「よど号」に走り寄り、機体の下にもぐり込んでいった。

石田真二氏。大正十二（一九二三）年生まれ、東京都出身。逓信省委託飛行訓練所卒業。戦争中、陸軍飛行士として朝鮮に駐在。昭和三十（一九五五）年、日本航空パイロット第六期生として入社。孤独を好む人といわれた。

「われわれは赤軍派です」

ハイジャック発生から機が板付に着陸するまで、「よど号」の客室内の様子はどうであったか、のちに書かれた手記や乗員の証言をもとに再現する〔以降、客室内の状況についても同様〕。

七時三十分、おしぼりサービスがほぼ終わり、新聞が配られた。しばらくして中央のギャレー〔機内食収納庫〕あたりで男が三人日本刀を振りかざし、乗客を脅しはじめた。

「手をあげろ！　手をあげろ！」

乗客はかれらの言葉を半信半疑で聞いていたという。近くにいた乗客は手をあげたが、他の乗客は新聞を見たり、窓外を眺め、子供たちは少年雑誌を読みふけっていた。

「手をあげろ！」

「静かにしろ！」

通路を移動しながら男たちは大声で叫び、赤や青の細紐でつぎつぎと乗客を後手に縛っていった。このときはじめて乗客全員が本気で驚いた。客室内の暴漢はギャレー周辺と前のほうにいて、六、七名のようだった。

「こちらは機長です。いま、赤軍派の方たちがこの飛行機を乗っ取りました。騒がずにお静かにお願いいたします」

スチュワーデスのチーフ・デューティとして乗務していた神木広美《かみきひろみ》（現・相原広美《あいはら》）さんは事件発生時の様子をこう語っている。


ハイジャックされたとき私は後部座席で働いていました。前のほうのお客さまの動きが、なにかふざけているように見えて、テレビのロケでもしているのかと思っていたのですが、石田機長のアナウンスで事件を知りました。

わたくしはどう対処すればいいのかと自問し、お客さまの安全を第一にしなければならない。そのためには犯人を刺激せず、殺気だたせないようにするのがいいと思いました。他の三人のスチュワーデスにもそのように注意しようと思ったのですが、彼女たちに近づくことも、お互いに言葉を交わすこともできませんでした。そのうちにわたくしも、頬がこけた不健康そうな犯人〔のちに赤木志郎と判明〕に両手を後手に固く縛られました。


つづいて犯人の一人〔のちに田宮高麿と判明〕がこういった。

「乗客の皆さん、われわれは共産党赤軍派です。これから皆さんを連れて、ただちに北朝鮮に向かいます。われわれは世界人民のために、帝国主義、資本主義と戦うために、生を期し、死を賭《と》してハイジャックを敢行しました。こんごはすべて、われわれの指示にしたがってください。乗客のなかには権力が潜《ひそ》んでいるかもしれませんので、いまから身体検査をします。その際、身分をはっきりいってください。身分証明書をだしてください」

犯人たちの行動は素早く、男性の乗客に対する扱いは乱暴だった。いきなり両手で胸から腰のあたりまでギューッと押さえつけて身体検査をした。さすがに女性の乗客は顔を見るだけだった。

なごやかだった機内は一変して沈痛な空気に包まれ、乗客は押し黙った。なにもわからない子供から「どうしたの」と聞かれた親はただ「静かにしなさい」というしかなかった。

「乗客の皆さん、この飛行機は予定どおり福岡に着陸します」

機長からのアナウンスにひとまず乗客一同はホッとした。福岡に着陸すれば、飛行機から降りられると思ったからだ。乗客のなかにはボーイング七二七型機の航続距離は予備燃料を含めるとピョンヤンまではゆうに飛んでいけることを知っている人もいた。福岡へ着陸するということは、そこで乗客を降ろしてからピョンヤンに向けて飛び立つのだろうと思ったと、その人は救出されたのちに語った。

幸いなことに犯人たちには航空に関する知識がほとんどなかった。現に二日前の三月二十九日にハイジャックを実行に移そうとしたが、一部の者は飛行機に乗ることすら初めてで搭乗手続きを知らず、乗り遅れてしまったために実行を断念していたのだった。

アメリカ人神父、震える

このとき「よど号」には二人のアメリカ人が乗っていた。

ハーバード・プリル。日本ペプシコーラ代表。

ダニエル・マクドナルド。神父。

以下、マクドナルド神父の隣の席に座っていた立川政弘氏の手記「七十九時間のハイジャック俘虜記」〔『文藝春秋』昭和四十五年六月特別号〕による。

マクドナルド神父の座席は22Dであった。ハイジャックされたとき神父は英字紙朝日を読んでいた。新聞の上から視線を犯人たちのほうへ移したが、なにかふざけたことをしていると思ったのだろう、神父は再び新聞に目を戻した。「手をあげろ!」といわれ、初めてことの重大性を感知したらしい。アタッシェ・ケースを開けろといわれて、一瞬とまどった様子だったが、開けた。犯人はなかを見ないで「身分は?」と尋ねた。

「ミブン? あ、そうね、シンプ(神父)です。教会の仕事をしています」

とマクドナルド神父は日本語で答えたが、なぜかこのとき神父の身体が震えだし、顔面蒼白になった。彼もまた両手を縛られた。立川氏が声をかけた。

「お名前はなんとおっしゃるのですか」

「マクドナルドといいます。三十五歳で独身です。教区が日本に決まったときにはとても嬉しかった。死ぬまで日本を離れないと決めています」

「私は日本人だから、そんなに長くはぶち込まれないと思うけど、北朝鮮はアメリカ人には厳しいでしょうね」

「そう、ふつうのアメリカ人でも一年ぐらい帰れないかもしれません」

マクドナルド神父はうつむいたまま沈みこんだ。

佐藤栄作首相、人命救助第一を指示

午前九時二十分。政府は臨時閣議を開き、橋本登美三郎《はしもととみさぶろう》運輸大臣が事件の経過を報告した。

「日本航空からの報告によれば、本日朝七時十分羽田発、福岡往き日航機ボーイング七二七型機が富士山上空で赤軍派と称する学生たちによってハイジャックされました。犯人は八、九名とのことであるが詳しいことは不明です。凶器は日本刀、ナイフなど殺傷力のあるもので、鉄パイプ用の爆弾も所持している模様。犯人たちは北朝鮮へ行くよう要求しているが、福岡空港で給油するため着陸した模様であります。乗客、乗員合わせて百三十八人とのことであります」

これにたいして佐藤栄作《さとうえいさく》首相は「犯人が複数であり、赤軍派であることを考慮すると、ことは慎重に運ぶ必要があろう。なんといっても人命救助に最大の考慮を払うようにしてほしい。このところ大阪万博を機会に外国の要人が頻繁に来日している折柄、この事件が与える心理的影響が大きく心配である」と語り、さらにこう付け加えた。

「官房長官、外務大臣、防衛庁長官はともに協力して解決に当たってくれ。できるだけ福岡で乗客を降ろすよう最大の努力を払ってもらいたい。なお、国家公安委員長は、かかる不祥事が二度と起こらないよう、治安当局に指示、徹底されたい。また、赤軍派がどうしてこのような挙にでたか、なぜ事前に押さえられなかったのかを十分調査のうえ、報告されたい」

午前十時。院内大臣室で、橋本運輸大臣、保利《ほり》茂《しげる》官房長官、愛知《あいち》揆一《きいち》外務大臣が協議し、福岡での事件解決案をまとめて日本航空に伝えてきた。

一、エンジン始動と同時に、火を噴くよう（単なるおどかし）電気系統にしかける。

二、タイヤの空気を抜く。

三、給油を徹底的に引き延ばす。

四、最悪の場合はガス銃を機内に撃ち込む。

三省協議では、人命尊重を第一に考え、場合によっては北朝鮮へ行くことを認めるのもやむをえないだろうが、その場合、老人と婦人、子供を福岡で降ろすよう犯人を説得するということも話し合われたという。

これを受けた日航対策本部は三省案を一つ一つ検討した。

まず、エンジン始動と同時に火を噴くよう電気系統にしかけることだが、これは飛行の安全性の点から受け入れられなかった。技術的にみても難しいし、効果も期待できない。こんごの展開いかんでは飛行機がすぐ飛び立つ必要が生ずるかもしれず、タイヤの空気を抜くことも採用できない。ただしタイヤの交換については一考に価する。給油を徹底的に引き延ばす案は採用したい。ガス銃を機内に撃ち込むことは、乗客の安全の点から反対である。

対策本部は以上のような結論をだし、これを三省に報告した。

「自衛隊機をエンコさせる」

午前八時三十分。三省協議の通報を受ける一時間半前の日航対策本部。石田機長より、「よど号」は福岡板付空港へ降りるとの報告を受けて、ひとまずホッとした対策委員一同は、着陸後の対策を話し合った。冒頭、斎藤本部長はこんごの方針について、つぎのように指示した。

まず第一に、乗客をなんとしても福岡で降ろすべく最大限努力すること。乗客の安全をどのようにして確保するかを考え、その方策を立てること。以上の二点を基本にして、関係者はそれぞれの部署に指示し、全社一致協力して解決に努める。政府機関、ことに警察関係にはわれわれの意図を伝え、警察が独走しないように要請する。塚田《つかだ》正四郎《せいしろう》福岡空港支店長を現地対策本部長に指名し、万全を期する。

このあと長野運航基準部長が発言を求めた。

「ただいま斎藤本部長からご指示いただいたとおりで、福岡で乗客を降ろすことを第一に考えなければならないと思いますが、万一、犯人の要求を聞き入れざるをえない場合でも、離陸を最大限引き延ばす必要があろうかと思います。そのための方策としてご提案いたしたいことがございます。

一つは、給油時間をできるだけ引き延ばして時間稼ぎをすることです。できれば三時間以上給油に時間をかける〔通常、この程度の給油には二十分もかからない〕。二つ目として、引き延ばしを犯人やコックピットに察知されないためにブレーキの故障を理由にしてはどうでしょうか。整備本部長から福岡のライン整備〔航空機が飛んで行った先の空港でおこなう整備のこと〕にその旨をご指示できませんか。ブレーキを修理するということにすれば、四時間以上の時間がかせげるのではないでしょうか。このほか整備本部として離陸を遅らせる妙案があれば、ご提案いただきとうございます。五時間ぐらいの時間がかせげればと思いますが、いかがでしょうか」

これを受けて斎藤本部長がいった。

「いま長野君のいった提案は検討に価すると思う。諸君に異存がなければ、これらを現地に指示してくれ。万事遺漏なきように。俺からも提案がある。航空自衛隊の飛行機を板付に降ろし、滑走路の上でエンコさせて空港を閉鎖させるのはどうか」

「それは素晴しいアイデアです。私から当局に申し入れてみましょう」

長野部長が応じた。

当時の部下だった課長は、ハイジャック発生後、自席で各方面に忙がしく電話連絡をしていた長野部長の異常な姿に驚いたという。対策会議における発言もきわだって積極的だった。彼はなぜ「五時間」という具体的な数字をだしたのか、同席していた委員は不思議に思ったとのちに私に語った。

長野部長は戦前の「日本航空輸送会社」のパイロットで、終戦まで東南アジア方面の定期路線に乗務していた。「日本航空輸送会社」は昭和四（一九二九）年四月、帝国議会で設立が決議され、それまであった民間航空三社、すなわち「日本航空輸送研究所」「東西定期航空会」「日本航空」から路線権を吸収して発足した国策会社である。

戦後、長野部長は米軍基地に勤務したのち運輸省に職を得た。昭和二十六（一九五一）年、新生日本航空発足と同時にパーサーとして入社。当時、日本航空の運航はノース・ウエスト航空会社が代行していたので、将来の自主運航に備えて、ノース・ウエストのパイロットの技術、マニュアルなどを秘かに入手するため、日航のパイロット要員がノース・ウエストのパーサーとして乗務していた。長野部長もパーサーとして乗務し、のちに小田切取締役らとともに日本航空パイロット第一期生になった。経歴が示すように米軍との交友が広く、また運輸省時代の縁故で航空局内に多くの知己がおり、同局との窓口的な役割をもって任じていた。

事件が経過するにつれて、みずからの職務、権限を超えてさらに活発に動いた長野部長はこのときいかなる役割を果たしていたのか。それはおいおい明らかにしていきたい。

板付空港での五時間の引き延ばし作戦

三省協議の「引き延ばし」案が伝えられる前に、日航の対策本部ではすでに給油時間の引き延ばしを福岡に指示していた。以下、石田機長と管制塔とのやりとりである。


〈午前九時四分〉

石田機長より管制塔へ。

「燃料補給を早くやってくれ。短時間で出発したい」

〈午前九時七分〉

石田機長より管制塔へ。

「機体周辺から報道陣や空港関係者を離してくれ」

〈午前九時十分〉

石田機長より管制塔へ。

「燃料を多く入れてくれ」

板付空港での給油作業。機体の下には整備員に扮した警官が待機している

〈午前九時十一分〉
管制塔――ナンバー2ブレーキとナンバー4車輪の状態が悪い。
石田機長――その状態で飛べないか。
管制塔――ブレーキを交換したい。
〈午前九時十五分〉
石田機長――パトカーを見えないところまで移動させてくれ。燃料は四万ポンド積んでくれ。ピョンヤンの天気は好さそうなので、有視界飛行で飛んでいくことにしたい。ピョンヤン空港の状況がわかったら知らせてくれ。韓国を避けて東側を飛んでいく。三八度線を越えたら西に向かうつもりだ。
管制塔――天気は良好。ナビゲーション・ルート〔飛行経路〕およびエアポート・インフォメーション〔ピョンヤン空港に関する情報〉はわからない。
〈午前九時二十分〉
管制塔――ブレーキ交換のためジャッキ・アップしたいので、お客を降ろしてくれ。
石田機長――お客は降ろさない。このままでジャッキ・アップを試してみてくれ。
管制塔――このままでジャッキ・アップしてみるが、だめなら乗客を降ろしてくれ。
石田機長――だめだ。
〈午前九時二十六分〉
石田機長――機内は満席でいっぱいだ。赤ちゃんも二人いるから早目に出発させてくれ。ナンバー2ブレーキの交換に時間がかかるようなら、やめてくれ。
管制塔――ナンバー2のブレーキはいまの状態では作動しない。乗客の男女の数を知らせてくれ。
石田機長――男女の数をかぞえるのは不可能だ。ブレーキ交換はすぐやってくれ。燃料を早く積んでくれ。
〈午前九時四十五分〉
石田機長――朝鮮の地図を届けてくれ。一人が竿《さお》につけて機上に渡してくれ。
管制塔――朝鮮半島の資料が得られない。
〈午前九時五十七分〉

石田機長より管制塔へ。

「地図を早くよこせ。なるべく早く給油してくれ」

ここでようやく給油が開始される。

〈午前十時二分〉

管制塔――東京離陸時のウエイト〔乗客、貨物、機体そのものの重量の合計〕はどうだったか。

石田機長――燃料がゼロで十一万四千ポンドだった。燃料は四万ポンドにしてくれ。

管制塔――四万ポンド積むと、マキシマム・ランディング・ウエイト〔着陸時最大重量〕十三万五千ポンドにたいして、ピョンヤンまでの消費燃料を一万二千ポンドと見込んでも七千ポンド超過するから〔十一万四千＋四万－一万二千＝十四万二千。十四万二千－十三万五千＝七千〕、向こうに着陸するとき注意してくれ。

〈午前十時十分〉

石田機長――まだ一万八千ポンドしか積んでいないじゃないか。早く燃料を積んでくれ。早く地図をもってきてくれ。

管制塔――地図は竿で渡す。いい地図を探している。

石田機長――一人で、制服・制帽の人間が渡してくれ。

〈午前十時二十六分〉

石田機長——まだ二万八千五百ポンドだが、時間がないから三万ポンドでストップしてくれ。

管制塔——三万ポンドではどこにも行けないから、四万ポンド積んではどうか。

四万ポンドにこだわったのは時間稼ぎのための議論だった。

〈午前十時二十九分〉

自衛隊のT33練習機が着陸し、滑走路上でエンコしたように装う。

管制塔より石田機長へ。

「自衛隊機が滑走路上で故障したので滑走路を閉鎖する」

〈午前十時四十分〉

石田機長より管制塔へ。

「滑走路の閉鎖はいつオープンするのか。給油を早くしろ。乗客や乗員の命が大事ではないのか」

〈午前十時四十七分〉

管制塔——滑走路のオープンの時間をいま米軍に問い合わせている。

当時、板付空港の航空管制は運輸省航空局がおこなっていたが、米軍に優先権があったため、最終的には米軍から離陸許可をもらわねばならなかった。

管制塔——機内食を積みたい。時間は十五分から二十分かかる。

石田機長——機内食は朝食の分があるので搭載の必要はない。

〈午前十時五十八分〉

管制塔より石田機長へ。

「十一時四十五分までに滑走路をオープンする。その見込みで準備してくれ。燃料はできるだけたくさん積むつもりだ」

〈午前十一時七分〉

石田機長より管制塔へ。

「燃料搭載後十一時四十五分までに出発させろ」

〈午前十一時十四分〉

管制塔より石田機長へ。

「病人がいるらしいが、名前と年齢を教えてくれ。そして飛行機から降ろしてくれ」

日航福岡空港支店へ病人の通報が入ったが詳細は不明。これを乗客を降ろすための口実とした。

〈午前十一時二十六分〉

石田機長より管制塔へ。

「（犯人側は）病人を降ろすことはよろしいといっている。ただし、滑走路のオープンがはっきりし、燃料補給が完了後とし、他の人間が飛行機から離れることを条件にしている。子供は降ろす。また拘留に耐えられない人は降ろすといっている。その決定は赤軍派がする」

〈午前十一時三十分〉

中学の教科書に載っている朝鮮半島の地図を切り取って竿にはさみ、コックピットの窓から江崎副操縦士に手渡す。

〈午前十一時三十三分〉

管制塔――滑走路オープンはたぶん十二時半ごろになると米軍から連絡があった。

石田機長――給油を続行してくれ。それから子供を降ろす場合は、飛行機を引っぱってゆき、タキシー・ウェイ〔補助滑走路。駐機スポットから滑走路までの道〕上で人が近づかないことを確かめてからやりたい。

〈午前十一時三十五分〉

石田機長――ピョンヤンからの情報は、なにかないか。

管制塔――情報はない。

石田機長――ピョンヤンの地上温度を知らせてくれ。

管制塔――わからない。

〈午前十一時四十三分〉

石田機長より管制塔へ。

「子供、付き添いの親、韓国人は降ろす。入口のそばに爆弾をもった赤軍派がいるので、後部ステップを降ろしたときにヘンなまねをしないよう気をつけてくれ。機体の下に潜んでる防弾チョッキにピストルをもった私服警官は赤軍派に見られているので、どくようにしてくれ。乗客、乗員とも元気だが、疲労が激しい。だから出発を早くしてくれ。滑走路オープンを十二時半として、乗客を降ろすのは十二時十五分とする。降ろす乗客の名前を通知する」

実際には韓国人乗客は搭乗していなかったが、ピョンヤンへ行くにあたって韓国人は降ろしたほうがいいと犯人たちは考えたのだろう。

〈午前十一時五十四分〉

管制塔より石田機長へ。

「滑走路オープンは十二時半の予定だ」

給油作業終了。本社対策本部の指示どおり、この間、約三時間を要した。

〈午後十二時二分〉

北朝鮮へ行くときは韓国領空を通らず公海上空を飛べと犯人が要求するが、ナビゲーター〔飛行航路決定者〕が乗っていないので不可能だ、と石田機長が答える。

〈午後十二時七分〉

石田機長より管制塔へ。

「乗客を降ろすときは空港付近の機動隊を全部どけてくれ。十二時半の滑走路オープンは予定どおりか。赤軍派は十人で、日本刀と爆弾で武装しているからくれぐれも注意してくれ」

石田機長はこのときはまだ犯人の数を正確には知らなかった。

〈午後十二時二十五分〉

管制塔より石田機長へ。

「滑走路のオープンは十二時五十分に変更された」

〈午後十二時四十分〉

石田機長より管制塔へ。

「オープンを急ぐよう米軍に連絡してくれ。これ以上待てないので一時ごろ出発する」

〈午後十二時四十八分〉

石田機長より管制塔へ。

「塚田支店長はどこにおるか。塚田さんの交換条件はだめだ」

塚田空港支店長は、福岡支店の大谷武《おおたにたけし》支店長とともに身代りとして自分たちを人質にするよう申し入れていた。

〈午後十二時五十五分〉

エンジンスタート。「よど号」はイースト・ランプへ自走する。ナンバー16スポッ

老人、女性、子供の合計23人が解放される

トで停止。

〈午後一時十一分〉

乗客の降機開始。パッセンジャー・ステップ〔タラップ〕に日航の女性社員がのぼっていく。

石田機長より管制塔へ。

「ほかの者は近づけるな。救急車が滑走路上に見えるが、どけてくれ。なかに機動隊員の姿が見える。視界からはずしてくれ。救急車がでていかないと乗客は降ろせない。報道陣もどけてくれ」

〈午後一時二十九分〉

乗客の降機終了。老人、女性、子供の合計二十三人だけを降ろす。

〈午後一時五十五分〉

石田機長より管制塔へ。

「滑走路をいますぐオープンするよう（米

ったいた。
「よど号」、ピョンヤンへ向け、板付空港を離陸する。着陸からちょうど五時間がた
〈午後一時五十九分〉
軍に）連絡してくれ」

対策本部で知恵をしぼって考えた施策、それを受けて最大限の努力をした空港関係者の願いも空しく、「よど号」は百八人の乗客を乗せて旅立った。一方、五時間の引き延ばしができたことを確認した長野部長はただちに自席へとって返して電話に飛びつくと、いずれかにダイヤルし、またしても小声で長時間の通話に入った。

日本政府としては、なんとしてでも福岡で事件を解決すべきであるというのが至上命令であった。警察当局からだされていたマル秘指令は「機体の一部をこわしてでも飛び立たせるな」というものであった。福岡からの離陸阻止について、警察庁から指示を受けた福岡県警は空港当局と日航支店の三者で再三にわたって対策を協議した。

だが、警察は完全に後手にまわった。福岡空港での引き延ばしに五時間もかせげば、なんとか打つ手はあったはずだと警察幹部はあとで悔しがった。

福岡で解決するべく打った遅延策はすべて成功していた。つまり、四万ポンドぐらいの給油に三時間もかけることができた。ブレーキの交換で十分に時間がかせげた。

航空自衛隊機による滑走路の閉鎖に成功した。これらによって五時間も「よど号」を留め置くことができたにもかかわらず、なすすべもなく、百人を超える乗客・乗員を乗せて「よど号」は飛び立ってしまったのである。

福岡でおこなわれたさまざまな遅延工作について、そのとき気づいていたかどうか、私は江崎氏に尋ねた。

もちろん地上が嘘をいっていたのは全部わかっていました。ついさっきまで十分に作動していたブレーキが故障したとか、自衛隊機が滑走路の上でエンコしたとか、給油が遅すぎるといったインチキはすべてわかっていました。それを聞くたびに、これはなんたることか、心外きわまりないと思っていました。機内の状況はそんなにのんびりしたものではなく、ひたすら早く飛行機をだせという気持ちでした。あとで斎藤専務に「あんなことをして冷たいじゃないか」と文句をいいました。

三八度線を越える

三月三十一日午後一時五十九分、板付空港を西に向けてテイク・オフした「よど号」は眼下に福岡市街を見る間もなく玄界灘にでた。

花の季節の午後、好天に恵まれて視界に点在する島影は藹然《あいぜん》としてのどかであった。

かたや機内の空気は重く、乗客の顔には失望の色がにじみでて蒼《あお》かった。ピョンヤンへ向け飛び立ったものの、はたして北朝鮮側が受け入れてくれるのだろうか。北朝鮮ではどのぐらい留め置かれるのか。いや、はたして無事帰還できるのか。不安と恐怖が乗客の胸を満たした。

赤軍派の命令で座席の移動が始まった。元気のよさそうな男の乗客を窓際の席へ、年配者や女性は通路側に移された。自分たちの身の安全を保証するためだろうが、事前に訓練していたようで、じつに手ぎわがよかった。

福岡にいるあいだ、乗客の両手を縛っていた紐は解かれていた。スープとサンドイッチが配られた。スチュワーデスたちは不安をやわらげるべく、乗客ひとりひとりに笑顔を見せ語りかけた。声もいちだんと大きく、さわやかな応対を心がけたと、相原さんは語った。

「乗客の皆さん」

ざんぎり頭のリーダーらしい男〔田宮高麿〕が客室内のマイクを手に、カン高い声で話しはじめた。

「われわれはいま、日本における最初のハイジャック作戦を遂行しつつありますが、なぜこのようなことをしたかといいますと、われわれは全員指名手配を受けて、権力に追いまわされており、このような強硬手段をとらないかぎり国境を越えることができません。

　われわれは、これから国籍を捨て、肉親を捨て、国境を越えて金日成《キムイルソン》のもとに赴き、本格的な武闘訓練を受け、あるいはベトナムへ、あるいはキューバへ、あるいはラオス、カンボジアへ行く者もおります。

　そしてまた、この秋には再度海を渡って日本に再上陸し、そのときはこのような手段はとれませんが、日本海を泳ぎ渡ってでも必ず日本に潜入し、日本における前段階的武装蜂起を指揮する決意でおります。そうすることによって、われわれは、われわれの理想とするところの、世界党の結成へ一歩を推し進めることができると信じます」

　ざんぎり頭のリーダーの論旨はそれなりに明快だったが、いったい乗客をどうするつもりなのか説明はいっさいなく、乗客はただしいいんとしてマイクの声に聞き入るばかりだった。アメリカ人乗客のひとり、マクドナルド神父は熱心に聞き耳をたて、わからない日本語は辞書で調べながら克明にノートにメモをつけていた。

　リーダーは演説好きらしく、さらに言葉をつづけた。

「乗客の皆さんがたには、ほんとうにお気の毒だと思いますが、われわれとしてはこのハイジャックがわが国の一番手として、残っている同志たちのためにも絶対的に目的を達成せざるをえません。われわれが技術的な問題等々において、もしか失敗するようなことがあれば、われわれは死を決意しております。爆弾をもって自爆することになれば、乗客の皆さんにとっては迷惑なことですが、それ以外の道はありません。以上が現時点におけるわれわれの決意と、明白なる事実関係であることを再度確認しておきたいと、いうふうに思います」

彼の演説には学生活動家に独特の言いまわしとイントネーションがあった。

いよいよ日本の領空を離れると、乗客にはあきらめの気持ちが湧きあがり、ある意味では赤軍派連中と運命をともにするといった連帯感めいた感情が芽生えはじめてきたと、立川氏の手記にはある。

午後二時四十五分、高度二万フィート〔約六千メートル〕、東経一二八度四〇分、北緯三八度二〇分で、「よど号」は左に進路を変えた。眼下に、だらだらとつづく高低差のない朝鮮半島特有の山並みが見えてきた。春まだ浅い朝鮮の山々はどこまでも赤茶けた色調で、ところどころに点在する集落を黒々とした樹木が囲んでひっそりと静まっていた。

朝鮮半島の背骨ともいわれている太白山脈《テーペク》をすぎると、ゆるやかな丘陵と平野が広がっている。このあたりになると、あちこちに人家が散在する田園風景となる。集落を縫うようにして、くねくねと二筋三筋道が延びていた。戦時中の国民学校五年生の国語の教科書に「朝鮮の田舎」と題して、こういう一文が載っていた。

「ポプラ並木が道の両側に高く聳《そび》えて、空はカンとして高く、青く、水晶の刷毛《はけ》で頬をなでるように風が吹きぬけていった」

その描写がきれいで印象に残っているのだが、地上にはそんな静謐《せいひつ》な風景が広がっていたのだろう。太陽はすでに西に傾いていた。

午後二時四十七分、三八度線を越えてしばらくして「ピョンヤンには、十五時十六分着陸予定」との報告を最後に、「よど号」からの交信は切れた。

ソ連政府への公電

午後二時三十分、愛知外相、中曽根康弘《なかそねやすひろ》防衛庁長官、荒木萬壽夫《あらきますお》国家公安委員長、保利官房長官が出席して緊急閣僚会議が開かれた。その結果、乗客の安全を期し、かつ早期解決をはかるため、国交のない北朝鮮にたいして飛行の安全確保と乗客・乗員、機体の早期返還を求めるべくソ連を通じて申し入れることとし、その旨ソ連政府に要請することになった。

外務省はこれを受けてソ連政府にたいし「人命の安全に配慮してくれるよう」北朝鮮に伝えていただきたいと公電を打った。

防衛庁では「よど号」が飛び立つ時、福岡の築城《ついき》基地に指令して、航空自衛隊機F86戦闘機二機と福岡上空で待機していた二機で「よど号」を追跡するよう求めた。

東京府中の航空自衛隊バッジ室〔半自動防空警戒管制組織〕には各地のレーダー・サイトから、刻々と「よど号」の機影と追跡中の戦闘機四機の進行状況が報告された。

午後二時二十一分、「よど号」は福岡の北一七〇キロの地点上空で西部防空識別圏〔航空自衛隊西部方面隊が管轄している日本の領空線。海の領海線に対し空の領空線である〕に到達。追跡した四機はここで反転し帰投した。同時に韓国空軍機がスクランブル態勢に入ったとの情報が入ってきた。

「よど号」は日本海をさらに北上し、バッジ室では北朝鮮の清津《チョンジン》飛行場に向かうらしいとの観測が強くなった。ところが午後三時十三分、「よど号」は思いがけずソウルの金浦《キムポ》空港に着陸したのだった。

第2章　赤軍派

フェニックス作戦とはなにか

私が「赤軍派」という古めかしい名前の左翼グループを知ったのは、パリ支店から東京への帰任直前のことであった。一日遅れで送られてきた日本の新聞に、かれらが武装闘争の一環として山梨県の大菩薩峠でおこなった大規模な軍事訓練が発覚した〔大菩薩峠事件〕との記事が載っていたのを読み、「時代錯誤の気狂い集団が生まれたものだ」とあきれた。その記憶も新しいうちに「よど号」事件が起きたのだが、「仁義なき、ひとりよがりの暴力集団」というのが、当時の私の赤軍派にたいする印象であった。

昭和四十三（一九六八）年から四十四（一九六九）年にかけてくり広げられた東大闘争は安田講堂の攻防戦で過激派学生が敗北した。全国各地で起きた大学紛争はその後、相ついでバリケードが解かれ、警察の取締りは厳しさを増した。

過激派のなかではとくに共産主義者同盟〔ブント〕がひところの勢いを失い、街頭闘争にも展望を見出すことができず、活動家たちから「黄昏《たそがれ》のブント」と揶揄《やゆ》されるまでになった。このためブント内の武闘路線派〔関西ブント〕は戦線の立て直しをはかるべく赤軍派を結成したのだった。昭和四十四年八月二十八日、神奈川県城ヶ島の国民宿舎でひそかに結成会を開いた赤軍派は以後の闘争方針を決定した。

　これまでの闘争方針では七〇年の闘争をたたかいきれない。受動的な階級闘争論では展望が開けず、能動的な攻撃型の階級闘争こそが必要とされる。速やかに人民の軍隊を組織して、銃や爆弾で武装蜂起せねばならない。われわれは秋の闘いを本格的な武装蜂起の前段階として位置づける。

赤軍派はこうして武器をとった。だが、この年の秋の「大菩薩峠事件」で五十三人が逮捕された。このなかには政治局員をはじめ多くの幹部・構成員が含まれていたことから、赤軍派は一国内での闘争には限界があると悟った。かれらは「労働者国家」〔キューバ〕を根拠地とし、そこで軍事訓練をおこなった革命軍を各国に送って武装蜂起をはかり世界共産主義革命を実現するべきであるという、いわゆる「国際根拠地理論」を提唱することになる。

　昭和四十五（一九七〇）年一月七、八日の二日間にわたり、千代田区永田町の東急ホテルの一室で、赤軍派の政治局員だった田宮高麿《たみやたかまろ》、小西隆裕《こにしたかひろ》、前田祐一《まえだゆういち》、上原敦男《うえはらあつお》らが拡大中央委員会を開いて打開策を協議した。このとき塩見《しおみ》孝也《たかや》議長は、二月から四月のあいだに三回に分けて多くの要員を国外に派遣して国際根拠地を建設し、軍事訓練をおこない、秋には帰国して武装蜂起をおこなうという方針を委員たちに初めて伝えた。

中央委員会は、塩見議長をはじめ田宮、小西ら七名を委員に任命し、ハイジャックなどの手段をふくむ渡航方法について調査研究することにして、これを「フェニックス作戦」と名づけた。さらにハイジャック実行計画に必要な調査部隊として、逮捕状がでていた田中義三《たなかよしみ》のほか吉田《よしだ》金太郎《きんたろう》、赤木《あかぎ》志郎《しろう》、岡本武《おかもとたけし》、若林盛亮《わかばやしもりすけ》、安部《あべ》公博《きみひろ》、柴《しば》田《た》泰弘《やすひろ》ら十余名を指名した。

一月二十日、かれらは世田谷の「松原アジト」で会合し、席上、田宮高麿は、船でキューバに行くのは難しいが、北朝鮮を経由してキューバに渡ることが考えられるので、航空機をハイジャックして北朝鮮に行けるかどうか調査したいと提案した。

その具体案として田宮は、武器を準備する者、航空機の構造や性能の調査をおこなう者を指名し、さらに、上原ほか一名にたいして一月二十四、五日に全日空のボーイング七二七型機で羽田―千歳を飛び、機内の模様や空港ロビーの状況を子細に研究するよう指示した。

武器を準備するよう命じられたメンバーは拳銃などの入手方法を検討し、「アンタッチャブル作戦」と称して、作家の大藪春彦《おおやぶはるひこ》氏方を襲って拳銃を奪取することを企てた。かれらは二十三日、二十四日に大藪邸の様子をうかがったが拳銃の有無を確認できず、「アンタッチャブル作戦」は中止された。

三月七日、メンバーのひとりである物江《ものえ》は、同志社大学の学生で元航空自衛隊にいた小川という男に航空機の機種、航続距離、飛行場などについて尋ねた。小川は「キューバは遠すぎる。北朝鮮なら米子や鳥取からも行ける。ただし日本のパイロットは優秀だから、いいなりになるかどうかはわからない」と答えた。

三月八日、北区田端にある政治局員八木秀和《やぎひでかず》のマンションで、上原たちが調査結果を塩見をはじめ委員らに報告した。すなわち実行部隊の集結から航空機に乗り込むまでの手順、搭乗後に日本刀、爆弾、ロープなどを使ってパイロット、スチュワーデスら乗務員を制圧する時機とその方法、そして機内を制圧したのち北朝鮮へ向かわせる方法等であった。

これを聞いた田宮は、実行隊員の面接とその後の訓練、爆弾と日本刀の入手、資金獲得など、三月九日以降におこなうべきことのスケジュールをつくった。

三月十二日、駒込の喫茶店「白鳥」に塩見、田宮、小西、上原らが集まり、三月七日に同志社大生小川から得た航空に関する情報について、物江が報告した。

三月十三日、塩見の指示を受けた上原らがふたたび全日空のボーイング七二七型機で千歳へ飛び、客席やスチュワーデスの様子、コックピットのドアの施錠の有無、飛行場の警備状況、空港へのアクセスについて調べ、翌十四日、「白鳥」で塩見に報告した。

三月十四日夜、喫茶店「白鳥」。

塩見は、ハイジャックのさいに乗客・乗員を制圧する方法を具体的に説明したが、コックピットのドアが施錠されているかどうかについてはなお調査する必要があるといった。さらに制圧のために使う爆弾を小西が、日本刀を上原が、ロープを「兵站部」がそれぞれ準備しているとの報告があった。この日は「長征軍」つまりハイジャック実行部隊のメンバーを決める面接もおこなわれ、吉田、岡本、若林、柴田、田中が決まった。さらに田宮、小西が加えられた。塩見は、決行は三月二十一日ごろになるが、それまでは警察当局の行動に注意しておくようにといった。

三月十五日、実行部隊の追加メンバーを選ぶ面接をおこなうことになっていた塩見は、前田とともに宿泊していたマンションから喫茶店「ルノアール」に向かっていたところを警察官に発見され、逮捕された。

塩見らの逮捕を知った「長征軍」は急遽、六本木の喫茶店「アマンド」に集合して善後策を話し合った。その結果、一部の反対があったものの田宮、小西らは既定方針どおりハイジャックを決行すると主張し、実行に向けて準備を進めることとした。

三月十九日、中央区京橋の区立京橋会館六号室で田宮、上原、森、岡本、若林、田中、柴田らが最後の打ち合わせをおこなった。

田宮はボーイング七二七型機内の見取図を黒板に書き、「長征軍」の配置、ハイジャックの手順をつぎのように説明した。

離陸後水平飛行に移り、座席ベルト着用のサインが消えた時点で小西の合図により、日本刀、鉄パイプ爆弾を示して乗客らを脅し、その手を縛る。そのあとでコックピット内に入って操縦士らを脅迫して機内を制圧し、北朝鮮に向かわせるというものだった。

つづいて各人の座席の位置を割り当て、機内に模して椅子を並べ替え、日本刀と短刀を使って予行演習をおこなった。

田宮高麿は回想記のなかで「生きて生きて生き抜くと決意し、いかなる闘争の前にも、これほどまでに自信と勇気と確信が内から湧き上がってきたことを知らない」と書いている。かれらはまことに少年のような気負いをもってハイジャックに臨んだのだった。

三月三十一日、「よど号」をハイジャックした赤軍派のメンバーはつぎの九人であった。

田宮高麿（二十七歳＝当時。以下同）大阪市立大学卒業。

田中義三（二十二歳）明治大学生。
柴田泰弘（十六歳）神戸市立須磨高校生。
小西隆裕（二十五歳）東京大学生。
吉田金太郎（二十歳）京都市立堀川高校卒業。日立造船所工員。
若林盛亮（二十三歳）同志社大学生。
岡本武（二十四歳）京都大学生。
赤木志郎（二十三歳）大阪市立大学生。
安部公博（二十二歳）関西大学生。

頭文字「H・J」を解読できず

「よど号」事件で警察当局が受けた衝撃は予想以上に大きかった。

警視庁は昭和四十四年十月、公安一課を中心に「赤軍派特捜班」を設置し、一時は二百人近い捜査員を投入して赤軍派学生一人に捜査員一人をつけるマンツーマン・システムで監視を強めていた。大菩薩峠の事件もこの捜査方法で一挙に五十三人を検挙することに成功したのだった。当時もっとも過激な集団であった赤軍派が起こした事件に関係のある者は、所在が明らかになればすぐに逮捕する体制をとっていた。警視庁がそれまでに検挙した赤軍派学生は百二十五名。行方をくらましているのは、わずか十三名とされていた。

徹底した警戒をしていたにもかかわらず、「よど号」事件ばかりは「まったく気がつかなかった」と警察庁の高官は語った。赤軍派の動静がキャッチしにくかったのは、他の反日共系の組織とはちがって日本中に小グループが散らばり、それぞれが全国をマタにかけて動きまわっているせいでもあった。また、赤軍派から流れる情報に関しては「話が大きすぎてまともに取りあえなかった」ともいわれた。

しかし、事件発生の兆候はいくつかあった。

「よど号」事件のおよそ二週間前に逮捕された塩見孝也から押収した手帖には「H・J」という文字が何カ所かに記入されていた。当局はこの手帖を詳細にわたり調査したにもかかわらず、ついに「H・J」の意味するところを解読できなかった。「H・J」とはすなわちハイジャック（Hi-Jack）の頭文字である。

ハイジャックは昭和二十五（一九五〇）年三月、チェコスロバキアの旅客機をドイツのアメリカ占領地区に着陸させた事件が第一号であった。これがきっかけとなって世界的に発生するようになり、以降、昭和四十二（一九六七）年までに未遂も含めて四十二件起きていた。翌四十三年になると、中南米や中近東の政情不安にともないハイジャック事件が激増した。この年には一年間で四十二件となり、「よど号」事件の前年の四十四年にはじつに一年間で八十七件にものぼっている。四日に一件の割合で世界のどこかでハイジャック事件が起きていたことになり、いってみれば日常茶飯事となっていた。

国際常識に照らせば、赤軍派が闘争手段としてハイジャックを起こす可能性はたやすく想像できたはずだ。しかも資金稼ぎのための銀行襲撃、キューバへの密航とともに、日航機乗っ取りの噂はすでに流れていた。警察庁では赤軍派が日航のオーロラ便〔羽田―千歳〕、ムーンライト便〔羽田―福岡〕の乗っ取りを公言していることを摑んでいたし、昭和四十四年十一月の佐藤首相訪米のときにもハイジャック情報があったという。

残念ながら、日本の警察当局は若い革命家たちの思いつめた行動を見抜けず、まんまと出し抜かれてしまったのだ。

三月三十一日の国会では、参院予算委員会と衆院運輸委員会で「よど号」事件がとりあげられたが、過激派集団に虚を衝《つ》かれた政府の答弁は歯切れが悪く、こんごの対策を至急検討するということに終始した。

佐藤首相は「このような不幸な事件を防ぐため、国内飛行場の取締りを厳格にせざるをえない。人権侵害にならない方法で、乗客の所持品を点検することも検討しなければならない。万国博が開かれているおりでもあり、空の旅には乗客にもある程度辛抱してもらわねばならないと考えている」と述べた。

三十一日午後四時、橋本運輸大臣、愛知外務大臣、荒木国家公安委員長、中曽根防衛庁長官、後藤田《ごとうだ》正晴《まさはる》警察庁長官、手塚良成《てづかよしなり》運輸省航空局長らによる緊急協議会が開かれた。その結果、乗客手荷物の事前チェックとコックピットのドアの施錠を義務づけることが決まり、この日ただちに運輸省から航空各社に通告された。

ハイジャック防止策は逐次厳しさを増していったが、徹底さに欠けていたため、その後も十数件の事件が起きたのは残念なことである。

第3章　金浦空港

韓国空軍機、スクランブルをかける

三月三十一日午後三時一分、府中の航空総隊司令部から「よど号」はほぼ確実にピョンヤンへ着陸するだろうとのニュースが流れた。

「よど号」は朝鮮半島を横断するように飛行し、南北の休戦協定ライン〔DMZ＝非武装地帯〕を越えて北朝鮮に入った。航空機が休戦協定ラインを直接越えた場合は国籍や理由のいかんを問わず撃ち落すことができると南北が結んだ休戦協定で定められている。すなわち対空砲火を浴びようが、戦闘機による迎撃を受けようがしかたのないということである。日本の防衛庁幕僚室では刻々と送られてくる韓国空軍からの情報に見入っていた。このままでは最悪の事態が生じるおそれがあり、幕僚室は慄然とした。

午後三時十分、ピョンヤン南方六十キロの地点に達し、着陸は間近かと思われたが、「よど号」はいきなり機首をひるがえして南下を始めた。

三八度線と休戦協定ラインとはべつである。朝鮮の地図を見ればわかるが、三八度線は板門店《パンムンジョム》の上を東西にわたる緯度線である。休戦協定ラインは、板門店の左下から右上に向かって斜めに走っており、朝鮮半島の東部では三八度線よりかなり上に（北方に）にある。また西部では三八度線の下（南方）に休戦協定ラインが引かれている（六七頁）。したがって「よど号」が日本海を北上し、三八度線を越えてすぐに西進すると韓国の領空となり、朝鮮半島中央部あたりで北進すると、休戦協定ラインをまたいで北朝鮮の領空に入ることになる。

板付を飛び立ってからの経緯を江崎氏はこう語った。

石田機長は戦前、陸軍飛行部隊の教官として朝鮮半島を飛んでいたと聞いていたのですが、日航に入ってからは国内線を専門に飛んでいましたから、戦後は北朝鮮はもとより韓国を飛んだ経験がありませんでした。私はダグラス8型機の副操縦士時代に何度も韓国へ来ていましたから、「よど号」のときはナビゲーション〔飛行経路の決定〕と交信、犯人たちの応対を一手にやりました。コックピットには赤軍派の犯人が二人ないし三人いました。一人は小西隆裕でいつもそばにおりました。もう一人は吉田金太郎でしたが、彼はコックピットとキャビン〔客室〕の連絡係でした。目立ったところでは、田中義三がいわば行動隊長とも突撃隊員ともいえる存在でした。不穏な動きをすると乗客を殺すぞといって日本刀を振りまわし、われわれを脅す役を演じていました。

コックピットのなかでは犯人たちではなく、私がイニシアチブ〔主導権〕を握っていました。操縦桿にしても交信マイクにしても、かれらには指一本触れさせませんでした。かれらがマイクで福岡やのちに金浦の管制塔に話しかけたいといったときでも、私がマイクを握っており、かれらには渡しませんでした。

おはずかしいことだが、当時われわれコックピットの三人は、日本海を北上して三八度線を越えれば北朝鮮の領域だと思っていました。福岡空港で手渡された地図は中学の教科書から破りとったものだとあとで聞きましたが、あまりにも簡単すぎて、三八度線と休戦ラインとの位置関係について気がつかなかったのです。

飛行速度、風速から計測して三八度線を越えたと思ったので、西に転じてピョンヤンに向かっていったら国籍不明の二機にいきなりスクランブルをかけられました。私には韓国の戦闘機であることはすぐわかりましたが、犯人たちは知らなかったようです。戦闘機はすぐそばにピタッとついて、メガネをかけたパイロットがよく見えました。彼がニコニコ笑いながら手で合図して「(飛行高度を)下げろ、下げろ」と指示してきました。われわれコックピットの連中は、そこが韓国の領空であることに気づかなかったし、またスクランブル機の国籍と、そこが北朝鮮の領空だと思ったことについて、なんの矛盾も感じませんでした。われわれは戦闘機のパイロットに向かってうなずき高度を下げていったら、やがて戦闘機は飛び去っていきました。

戦闘機が去っていったあと、江崎副操縦士は周波数一二一・五メガサイクル〔国際遭難通信用周波数〕に切り換えた。「よど号」が福岡にいるあいだに手渡された朝鮮半島の地図の隅に「米韓空軍の迎撃あり、一二一・五メガサイクルに注意せよ」との指示が書いてあったのだ。すると地上から、交信周波数を一三四・一メガサイクルに切り換えよとの指示があった。一三四・一メガサイクルに換えると「ピョンヤン・アプローチ〔ピョンヤンに着陸せよ〕」という呼びかけが聞こえ、「レーダー・ヴェクター〔飛行方向と飛行速度〕一四三で飛べ」「レーダー・ヴェクター一三〇」「レーダー・ヴェクター一四〇」と着陸態勢に向けて方向を指示された。江崎副操縦士はピョンヤンから誘導されているものと思い、そのとおりにした。

江崎氏は金浦へ着陸したときのことについて、つぎのように語った。

進入角度まで指定して誘導されたので、われわれはピョンヤンへ向かって着陸態勢に入ったと思ったのです。ところが飛行場に近づくと、そこは金浦空港であることに気づいて私は驚きました。石田機長は金浦空港であることを知らなかったようですが、そばに二人の犯人がいたので機長に知らせることができませんでした。

江崎悌一氏は福岡県出身。昭和十二(一九三七)年生まれ。航空大学校第八回前期卒、日本航空パイロット第二十四期生。深沈厚重な人物として、先輩、後輩から、グレート・キャプテンと称えられ信頼はきわめて厚い。「よど号」事件では石田機長を補佐しながら、犯人との交渉、機外とのやりとりを実質的におこなった。四月三日、夕暮れのなか金浦からピョンヤンへの飛行ルートを無難にこなし、無事着陸できたことも彼に負うところ大であるとされている。

「北朝鮮、対空砲火」のニセ情報

午後三時十三分、「よど号」は全長三千メートルの金浦空港のメーン滑走路にスムース・ランディングし、南端ギリギリのところに停止した。このときはまだ石田機長も犯人たちもそこがピョンヤン空港であると思っていた。

午後三時五十分。中曽根防衛庁長官から発表があった。

「『よど号』が韓国ソウルの金浦空港に着陸した。これまでの経過はつぎのとおりである。日本の防空識別圏では自衛隊機が、韓国の識別圏では韓国軍機および米軍機が『よど号』を見守った。三八度線沿いに約四十マイル〔約六十五キロ〕北朝鮮側に入ってピョンヤン方向に飛行中、『よど号』は北朝鮮側の対空砲火を浴び、さらに北朝鮮軍機が『よど号』の北朝鮮上空への侵入を拒否した。このため『よど号』はピョンヤンの東南六十キロ付近で南下し、金浦空港に降りた。韓国側はこれにたいして、金浦空港を『ピョンヤン空港』と見せかけるなどの配慮をし、着陸を許可してくれた」

これについては外務省も「米第五空軍からの連絡によって、午後三時すぎ、DMZ〔休戦協定ライン〕を通過してまもなく『よど号』は地上から対空砲火を受けたうえ、北朝鮮空軍のミグ戦闘機に追われたとみられる」と発表していたが、後日帰国した石田機長はじめクルーは、これをはっきりと否定している〔昭和四十五年四月六日付『朝日新聞』〕。

また、江崎氏の証言によれば、スクランブルをかけてきたのは韓国空軍機であり、「ピョンヤンに着陸せよ」と指示してきたのは韓国の金浦空港当局であった。ということは、北朝鮮軍機のスクランブルと対空砲火によって「よど号」が機首を南に向け、Uターンしたという架空のストーリーを米軍がわざわざ流したことになる。米軍レーダー網の精度はこうした誤報を生じる程度のものとは常識的には考えられない。「よど号」がなぜ金浦空港に降ろされたのか。いまだに解明されていない謎を解く鍵の一つがこ

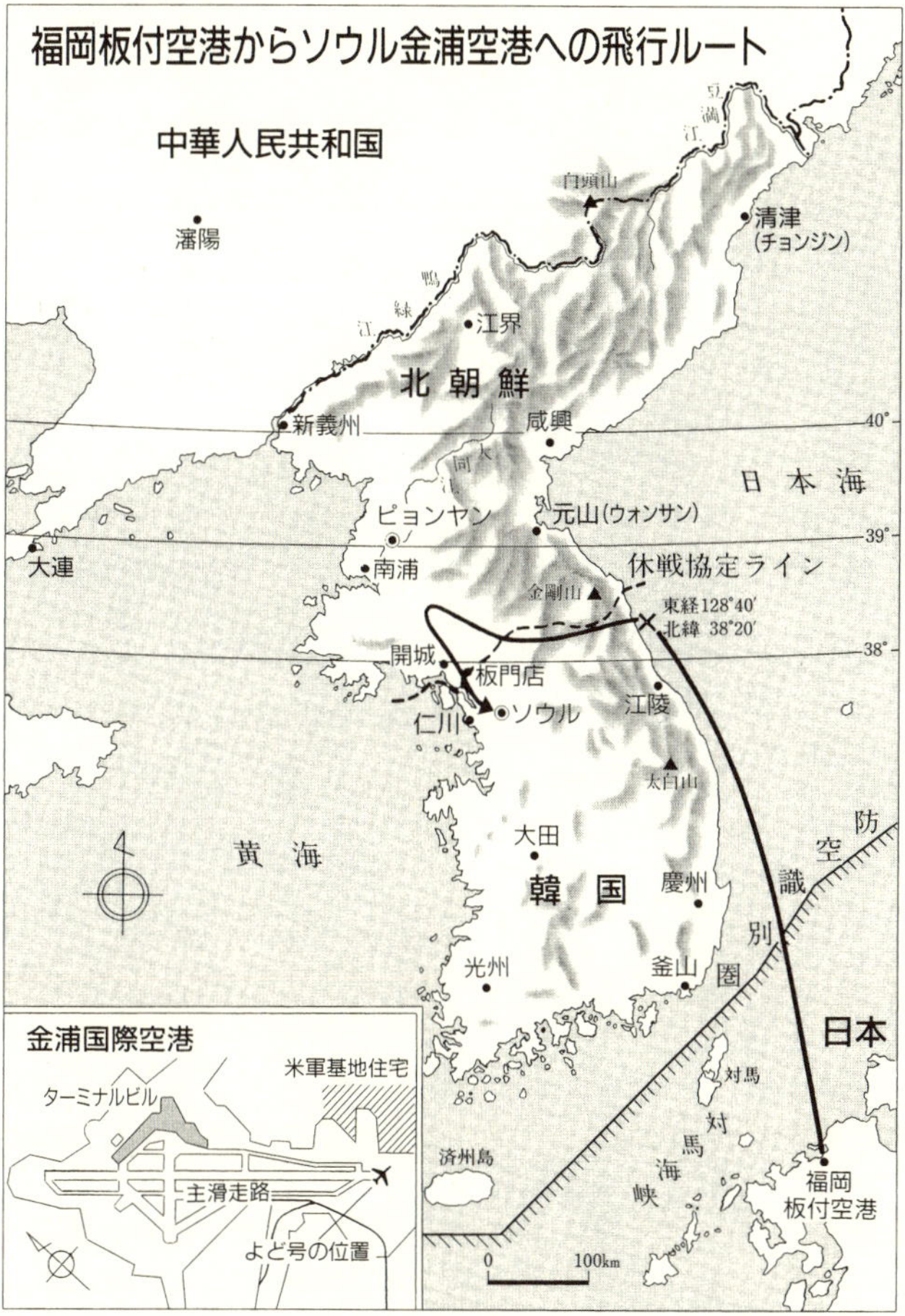

福岡板付空港からソウル金浦空港への飛行ルート
中華人民共和国
豆満江
白頭山
清津
(チョンジン)
瀋陽
鴨緑江
江界
北朝鮮
新義州
咸興
40°
大同江
日本海
ピョンヤン
元山(ウォンサン)
39°
大連
南浦
休戦協定ライン
金剛山
東経128°40′
北緯 38°20′
38°
開城
板門店
江陵
仁川
ソウル
太白山
防空識別圏
大田
黄海
韓国
慶州
光州
釜山
日本
対馬
対馬海峡
済州島
福岡
板付空港
0
100km
金浦国際空港
米軍基地住宅
ターミナルビル
主滑走路
よど号の位置

のニセ情報にある。

金浦着陸の謎については事件解決直後から問題とされていた。なぜなら、「よど号」がピョンヤンへ直行していれば、事件はもっと早く解決できたはずであり、金浦に降ろされたがために韓国と北朝鮮の政治問題に巻き込まれ、解決が遅れたのだという認識が政治家やマスコミに広くもたれていたからだ。

事件解決後、四月六日からはじまる週の国会審議を通じて、社会党をはじめ野党各党は「よど号」事件の真相究明にのりだすことにしていたが、焦点になったのはやはり金浦着陸の一件だった。「愛知外相はじめ政府首脳らが知らないうちに行先が変更されたといわれているが、もし事実とすれば、このような重大な事態に関知しないのは無責任だ」というわけである。

愛知外相や保利官房長官は「よど号」の金浦着陸を事前に知らず、ピョンヤン入りするものと思っていたと三月三十一日の記者会見で述べていた。しかし野党側はこうした重大事を政府首脳が知らなかったはずはないとみていた。

また、当時の日本のマスコミは、金浦への偽装着陸は日韓両国の共同作戦だと考えていた。

理由不明の独断行為

すでに述べたごとく「よど号」がハイジャックされたのは富士山上空であった。

この空域は米軍横田基地が管制している。羽田から福岡のあいだで唯一米軍が管制しているのが相模湾上空のほんのわずかなこの空域である。その後の事件の展開をふり返ってみたとき、ハイジャック発生地点がこの空域であったことに、私はなにか運命的なものを感じてならない。「よど号」が金浦空港へ着陸したのは、この空域で事件が発生したことに深いかかわりがあったと思われるからだ。

「よど号」から発信されたハイジャック・コードで各地の管制塔に事件が知らされたが、一番早く知ったのは横田基地の米軍であり、かれらはただちに行動した。すなわち午前七時五十分にはハイジャック機にアメリカ人が乗っているかどうかを羽田空港の日本航空国内旅客課へ照会し、その結果、二人のアメリカ人が搭乗していることが確認され、氏名、連絡先を知った。

米軍は緊急連絡網で在日米国機関に通報し、米国当局の調査が開始された。それによって、このハイジャック事件には重大な問題がひそんでいることが判明した。それは一人のアメリカ人にかかわることであった。

日航の対策本部委員に加わった長野部長の異様ともいえる言動は、このことに関係していた。以下、事件が解決したのち、長野部長の言動について彼の周辺にいた社員や対策会議に出席した人たちから聞いた内容を総合したものである。

三月三十一日朝、長野部長が出社してまもなく彼とかかわりのある米国当局からデスクに電話があった。ハイジャックされた「よど号」に二人のアメリカ人が乗っているが、そのうちの一人は重要な任務をもっている人物だから、犯人たちのいうとおりに北朝鮮へ行かせないように手を打ってくれとの要請であったという。これにたいし長野部長は、「よど号」は給油のため福岡に降りるので、なんとか福岡で乗客を救出するよう努力し、北朝鮮へ行かせることだけは極力避けるようにしようと返答した。

午前九時、「よど号」が福岡に着陸すると、再び米国当局から大要つぎのような内容の電話が長野部長にかかってきたという。

「万一、福岡で乗客を降ろすことに成功しなかったら、つぎには韓国へ着陸させて乗客を救出する。韓国側の準備をととのえるための時間稼ぎを福岡でやってもらいたい。韓国との調整をおこなっているところだが、五、六時間は福岡に留め置くようにしてもらいたい」

長野部長は遅延方法をいろいろと考えたうえで、日航本社対策本部の会議にのぞんだ。その席上、積極的に意見具申したことについては第1章で述べたとおりである。

「よど号」が離陸することが確実になると長野は自席に戻り、板付の米軍司令官に直接電話した。

「米第五空軍と韓国空軍が共同で『よど号』にたいし偽装迎撃し、金浦空港へ誘導着陸させていただきたい」

「よど号」が福岡にいたとき「米韓空軍の迎撃あり、一二一・五メガサイクルに注意せよ」という指示がだされていたことは前述したが、それは米国当局の秘密裏の要請にもとづいて長野部長がだしたものであった。

金浦空港への誘導着陸を米軍に求めたことは日航対策本部の決定によるものでなく、後日社内で問題となった長野部長の独断行為であった。「米韓空軍の偽装迎撃」の話はたちまちマスコミに知れたらしく、三月三十一日に開かれた記者会見では記者たちから「日航が要請したのではないか」との質問が飛んだのだが、これにたいして対策本部長の斎藤専務は「金浦でのあのような偽装はだれがやらせたのか知らない。プラスになることだと思ってやったのだろうが、結果としてマイナスですよ」と答えている〔四月一日付『読売新聞』朝刊〕。四月六日から始まった国会審議でも野党側がこの点をとりあげて、「事務局あるいは日航だけの判断で処理したことは看過できない」と追及する構えを見せていると新聞は報じている〔四月六日付『朝日新聞』〕。

しかし当事者である長野部長はみずからの独断行為の理由について、以後もいっさい語らなかった。

ジャズとアメリカ車で金浦と気づく

金浦空港に降り立った「よど号」の機内を再現する。

「皆さん、ピョンヤンに着きました。ご協力に感謝します。僕らが降りたあとで、皆さんは北朝鮮政府の扱いを受けることになります。僕らには権利がないのです」

リーダーが挨拶した。念願成就した喜びに犯人らは笑顔を見せた。

機外からは「セキクンハ（赤軍派）のトウシ（同志）諸君、ようこそピョンヤンへ来られました。われわれは心からカンケイ（歓迎）します」との日本語がスピーカーから流れてきた。

だが、着陸後二十分ぐらいしたとき、ドアを開けて地上の人間と話し合っていた犯人が「騙《だま》された！　ピョンヤンじゃない！　ここは韓国だ。ドアを閉めろ！」と大声で叫んだ。一瞬にして機内に緊張が走った。犯人たちは通路を急ぎ足で往来しだした。かれらはみな引きつった面相となり、押し黙ったまま武器をしっかりと握っていた。

チーフ・デューティだった神木さんはこう語っている。


事件発生後、犯人たちが緊張して顔が引きつったのはハイジャックしたとき、福岡へ着陸したときと金浦とわかったときの三回ありましたが、そのなかでも、このときは大声でわめいて極度の興奮状態になり、とても怖い思いをしました。

「ちくしょう！　ソウルだ」

「爆弾を用意しとけ！」

リーダーの呼びかけに鉄パイプ爆弾が用意された。乗客は恐怖のあまり身動きひとつできず、犯人たちと目を合わさないように下を向いたり窓外を眺めていた。

やがてリーダーの声がマイクを通して聞こえてきた。

「ちょっと状況を説明します。われわれは戦闘機に接触されてすぐ、無線に誘導されてここに着きました。

『こちらピョンヤン、こちらピョンヤン。日本帝国主義と資本主義ブルジョアジーと闘い、わが国を訪れた君たち赤軍派の同志を、われわれ朝鮮民主主義人民共和国は歓迎します。着陸してください。着陸してください』と呼びかけてきて、われわれが着陸すると、『すぐ降りていらっしゃい』といわれました。

迂闊《うかつ》にもわれわれは誘いに乗って、いまにも降りようとしたのです。われわれが苦しめた皆さんにお礼をいいかけてようやく気づきました。ラジオからは頽廃《たいはい》的な音楽がジャンジャン流れてくるし、アメリカの自動車が走っております。電気がないので電源車を寄越してくれと管制塔に頼んでも、いまだに来ておりません。建物の陰には銃をもった兵隊が、ちらちらしているし、交渉のあいだに大使をどうとかといった言葉が聞こえます。国交のない北鮮に、日本の大使がいるはずがない。やっとわれわれが騙されたことが明白になりました。

そして、われわれがこの事実を知ったとみると、一転してなんの応答もなくなり、われわれはこうして電気も空気もないままで放置されております。機長は一度も韓国に来たことがないので、ここがソウルだとは知らなかったといいますが、いずれにしても、これは明らかに日本政府と韓国政府とが共謀して仕組んだ罠であることは事実です。

日本政府は、自分の手で処理すべき問題を隣国の韓国に押しつけて、卑劣にも自分の責任をなすりつけようとしました。ここにおいて、われわれは再度こういう事態を踏まえて、われわれの断固とした決意を明らかに確認をしておきたいというふうに思います」

このときマクドナルド神父は大量の汗をかき、蒼ざめた顔を窓外に向けていたと、隣席の立川氏の手記は書いている。

通訳を装った日航ソウル空港所長

日航機がハイジャックされ、福岡に降りたことをソウルの日本航空山本博彦《やまもとひろひこ》空港所長は午前九時半すぎにテレビで知った。犯人がピョンヤンへ行くよう要求しており、福岡で膠着状態にあるとKBS〔韓国放送。国営テレビで、当時は唯一のテレビ局〕ニュースが伝えた。

どえらいことが起こったが、福岡で解決するだろうと山本所長は楽観していた。まさか難題がわが身に降ってかかるとはまったく予想していなかったという。とりあえず旅客課長の大竹米次郎《おおたけよねじろう》を呼び、「福岡で解決できなかった場合のことも考えておかなければならないので、これからKBSニュースに注意するよう」とだけ指示した。

当時、通信事情がきわめて悪かった韓国では東京への電話はなかなか通じず、申し込んでから二、三時間を要するのがふつうだった。

「よど号」の動向を本社へ照会しても間に合わないと判断したので、山本所長は運航業務担当の李《イ》マネージャーを呼んで、空港コントロール・タワー〔管制塔〕に行き、情報があったら教えてもらいたいと頼んでくるよう指示した。李マネージャーは以前、コントロール・タワーに勤務していたので知己が多く、職員は友好的であった。李マネージャーはすぐにコントロール・タワーに向かった。

「『よど号』について情報はありませんか。東京からはなんの連絡もないのです。なにかあったらすぐ教えてください」

「われわれにも情報はありません。日航のほうが早いんじゃないですか」というのがコントロール・タワーの返事であった。

午後二時二十分、山本所長のデスクの電話が鳴った。

「航空管理局長の金《キム》です。山本さん、『よど号』が福岡を飛び立ったそうです。どちらに行くのか不明だそうですが、山本さんのほうになにか連絡がありましたか。われわれは情報不足で困っております」

「いいえ、私のほうにはなんの連絡も来ておりません。それよりも金局長、情報をとるのなら釜山近辺のテレビで福岡からのニュースがキャッチできますよ。釜山に問い合わせたほうがいいんじゃないですか」

当時、韓国では日本のラジオ、テレビを視聴することは禁じられていたが、半ば公然と禁は破られていたようだ。

「山本さん、こちらに来ませんか」

金局長に誘われた山本所長は、局長室で「よど号」の飛行について情報を待った。さまざまな情報が乱れ飛んでいたが、どうも金浦に降りそうだとの見方が強くなって、山本所長は自室に戻った。

ついに山本所長は「よど号」が金浦に降りることを事前に知ることなく、KCIA〔韓国中央情報局〕金浦空港駐在の金次長の訪問を受けた。なぜか金次長は、山本所長が写真などで見たことのある北朝鮮軍将校のような制服を着ていた。

「山本さん、一緒にシップ・サイド〔機側〕に行ってください」

KCIAの金次長はいった。

このとき初めて「よど号」が金浦に降りたことを確認した山本所長は、どうしてKCIAの次長がいきなりあらわれて自分を連れていくのか、なぜ民間航空を所管する航空管理局の金局長が来ないのか不思議に思いながらも金次長と二人で車に乗りこむと滑走路を走った。車中で山本所長は金次長から、犯人、乗客との交渉を韓国人になり代わってやってくれないかと頼まれた。山本所長は韓国人が日本語を話すときの訛りをあれこれ思い描き、口の中で練習した。

金次長は英語はかなり上手だが日本語は話せなかったので、山本所長に交渉を頼んだのだ。「よど号」付近は銃をもった軍隊で囲まれており、滑走路脇の溝には兵士がびっしりと並んで伏せ、「よど号」に向けて銃を構えていた。

金浦空港のスポットには、一機も駐機していなかった。すべての飛行機を離陸させていたのだ。はるか彼方の沖留めに一機だけ、離陸に間に合わなかったノース・ウエスト航空機がやむなく残っていた。トーイング・トラクター〔飛行機を牽引する動力車〕、トラック、カートなど地上用機材、車輌はいつのまにかすべて黄色に塗りつぶされており、KASCO〔大韓航空地上サービス会社〕のマークが消えていることに山本所長は驚いた。よくもまあ短時間でこれほど手際よく塗りつぶしたものだ、いつから始めたのか、なぜそんなことをしなければならないのか、山本所長はこれもまた不思議に思ったといっている。

金浦空港に隣接して米軍基地がある。滑走路の先端はやや高くなっていて、基地を見下ろせる位置にあった。基地の手前の住宅地には洗濯物が干されていた。のどかな風景だった。黒人兵がぼんやりこちらを眺めていた。見馴れない場所に飛行機が停止しており、大勢の兵隊が身を隠して潜んでいるのが珍しかったのだろう。

「引っ込め！　引っ込め！」と山本所長は合図したが、黒人兵はなんのことかわからない様子で立っていた。ついに近くにいた韓国軍の隊長が空に向かってピストルを発砲し、ようやく異状に気づいたらしく黒人兵は姿を消した。

金次長の申し入れで、山本所長は韓国人になりすますため、ＪＡＬのマークがついているものはすべてはずしてシップ・サイドに立った。

「セキクンハ（赤軍派）のトウシ（同志）諸君、ようこそピョンヤンに来られました。われわれは心からカンケイ（歓迎）します」

山本所長はスピーカーで、金次長から英語で頼まれたセリフを韓国風の日本語で呼びかけた。

「セキクンハのトウシ諸君、あなたたちは前から降りてくタさい」

「チョウキャク（乗客）の皆さん、後ろから降りてくタさい」

「わたしたちはカンケイします」

「よど号」のドアが開いた。地上にいたのはKCIAの金次長と山本所長の二人だけである。

犯人の一人があらわれた。

「ここが北朝鮮なら金日成主席の写真があるはずだが、どこにも掲げてないじゃないか。赤い旗もどこにもない」

「ここは秘密基地タから、そういうものはいっさい置いていない」

「金日成の写真を見せないと信用できない」

「トうしても見せろというなら取り寄せるから待ってくれ」

山本所長はできるだけ韓国人の通訳であるように振る舞い、言葉を選んで話した。しばらくして、チマチョゴリを着た美しい娘が数人で花束を手にし、金日成の写真をもってきた。

「朝鮮民主主義人民共和国は、経済五カ年計画の何年目か」と犯人が聞いた。

金次長が経済五カ年計画ではなく九カ年〔事実九カ年計画だった〕だと答えたので、山本所長はそれを伝えた。

「ケイサイコカネン（経済五カ年計画）テはありません。ケイサイ九カ年計画テす。九カ年計画の三年目テす」

この説明を聞いて犯人は、ここは確かにピョンヤンらしいという気配をみせて後ろにいる他の二人と二言、三言話していた。そうしているうちに山本所長の後方を指さして犯人がなにか叫ぶとドアがバタンと閉められ、かれらはそれきり二度とあらわれなかった。山本所長の後方の米軍基地にフォードのマークのついた車が停まっていた。

空港の警備は、韓国軍憲兵、空挺隊、警官、郷士予備軍など約一千人によって固められ、「よど号」周辺は空挺隊が完全武装で包囲していた。

乗客の苛立ちがつのる

「よど号」の機内は一気に暑くなってきて、夏でもかかないほどの汗が噴きだしてきた。乗客は朝から身動きできないままの状態で顔を洗うこともできず、汗をぬぐうハンカチも汚れきっていた。不安と緊張がつづいていた。

洗面所の水は涸渇してしまい、臭気が流れでてきた。犯人たちは真剣に換気の方法を相談しだした。コックピットに近いところは窓からの空気で多少はしのげるが、後部座席は蒸し暑い空気が淀んで、乗客の苛立ちはつのった。スチュワーデスはなんとか涼を呼び込もうとあちこちチェックしてまわったが、このボーイング七二七型機には小さな扉はついていていない。

午後六時すぎ、ようやくグランド・パワー・ユニット〔発電用動力車〕が来た。これも新しく黄色に塗り替えられた機材だった。なぜ塗り替えなければならないのか機内の乗員もそれに気づいて不思議に思ったと江崎氏は語っている。

グランド・パワー・ユニットがうなりをあげ、機内の空気が動きだした。やがて乗客の顔に蘇生の色が浮かんだ。タバコも吸えるようになった。

午後七時二十分、ワゴン車が来てサンドイッチが運び込まれた。配給は一人一個ずつだった。五時間ぶりにとる食事で、ようやく機内は落ちついてきた。

「ハムは悪くなっているかもしれませんので、気をつけてください」

笑顔を見せてスチュワーデスが注意しながら配った。

彼女たちは早朝四時に起きて五時半ごろまでに勤務についたはずだが、ハイジャックという未曾有の事件にまきこまれ、犯人たちに日本刀で脅かされつづけてきたにもかかわらず、溌剌とした態度を崩さなかった。

事件解決は韓国主導で

「よど号」が金浦に着陸して四十分後に、空港内で日韓協議が開かれた。着陸後まもなく、韓国政府は現地対策本部を空港管制塔に設置し、国防部長官の丁來赫《チョンレヒョク》将軍が対策本部長になった。このとき協議に出席したのは以下の人びとであった。

・韓国側出席者

丁來赫国防部長官

朴璟遠《パクキョンウオン》内務部長官
白善燁《ペクソンヨップ》交通部長官
金斗萬《キムトウマン》空軍参謀部長
金桂元《キムケイウオン》中央情報部（ＫＣＩＡ）長

・日本側出席者
金山政英《かなやままさひで》駐韓国大使
前田参事官
塚本勝一《つかもとかついち》駐韓国大使館付防衛庁参事官

金山大使がまず日本側の姿勢を説明した。

「日本国政府としては、このたびの『よど号』ハイジャック事件のため、韓国にご迷惑をかける結果となり、心苦しく思っている。なんとしても福岡で解決したかったし、最大限努力をしたが、犯人側が武装しており、また爆弾をもち込んでいるとの情報もあるので対応がきわめて難しかった。

赤軍派は暴力革命を闘争方針にしている武闘派で、なにをしでかすかわからない集団であり、対策に苦慮しているところである。機内には犯人も含めて乗客百八名、クルーはコックピット三名、スチュワーデス四名で合計百十五名がおります。

なんとしても乗客・乗員の安全を確保することを第一に対策を講じていただきたい。

日本側としては、金浦空港でのすべての処置を韓国側にゆだねるので、よろしくお願いしたい。以上のことを中心に協議してゆきたい」

これにたいして丁国防部長官が韓国側の方針を述べた。

「ハイジャックという不幸な事態が生じたことに同情します。

韓国の立場でいうと、『よど号』はあくまで不法侵入した航空機であり、乗客・乗員とも不法侵入者であることをまず指摘しておきたい。また、ここ金浦空港は韓国の領土内で、韓国の法律が適用されることも明確にしておきたい。したがって、あくまで韓国政府の自主的判断によって、韓国法にしたがって問題の処理がなされることになる。もちろん、われわれは日本国政府の要望、立場を十分理解しており、乗客・乗員の安全を最優先に考え、適切に対処してゆくつもりである。

われわれの方針は、なんとしてもここ金浦で乗客を解放させ、その後犯人たちが飛び立ってゆくなら、どこへ行こうと関知しない。

明朝未明、特別機で到着予定の山村政務次官を待って日本政府の意向を聞き、そのうえで対処方針を決めることにしよう。

韓国としてのいい分をもう一度確認したいが、『よど号』が韓国に着陸したうえは、韓国の主権、すなわち韓国の航空法規にもとづいて処理する所存で、韓国のコントロール・タワーの指示のもとで離陸しなければならない」

これを受けて金山大使はこう答えた。

「韓国側の主旨はよく理解できる。あくまで韓国の主権のもとにことが処理されることに異存はない。しかし、韓国側がこうした大原則に固執して、いまだに戦争状態にある北朝鮮を敵視するあまり強硬手段に出て最悪の事態を招かないよう、慎重な行動を望むものである」

両国政府と関係者は一致協力して「よど号」事件の早期解決をはかることを確認し、協議は終了した。

韓国政府部内では引きつづき対策を検討し、「乗客全員を降ろすことを条件に北朝鮮への離陸を認める」「長期戦にもち込んで学生たちの疲労を待つ」「学生たちをなんらかの方法（たとえば板門店《パンムンジョム》経由）で北朝鮮に行かせる」といった案も浮上したという。

スパイ対策本部の柳《ユ》本部長は、

「説得を原則とするが、もし学生たちがこの説得に応じない場合は、日本政府の意向を参考にする方針である」

との見解を述べたといわれる（傍点筆者）。

これは重要な発言で、韓国政府の本音をより明確に示しているが、日本側にとってはきわめて不都合なものだったといえる。なぜなら、韓国政府は日本側の同意のもとに事件を処理していくのではなく、あくまでも韓国の主権によって事件を解決する、日本政府の意向は参考にするにすぎないという意味だからである。つまり、韓国の専権事項として韓国政府の判断で自由に処理するという解決方法になるということだ。やがてそのことが現実となったのだった。

なぜ強行突破をやめたのか

午後十時すぎ、シップ・サイドの山本所長のところへ韓国軍師団長の金少将と李大佐がやって来た。李大佐がいった。

「山本さん、われわれ（韓国）国軍と協力して対処しましょう」

「よろしくお願いします。なんとかここで解決したいものです」

李大佐はなかなかの豪傑で、単刀直入にものをいう人柄であった。

「山本さん、催眠ガスを機内に入れようじゃないですか」

「それはまずいですよ。危険じゃないですか」

「なんとかやりたいので、アグリー（同意）してくれませんか。方法について検討してみてください」

国軍の依頼でもあり、一応検討してみることにした山本所長は結城《ゆうき》光男《みつお》ソウル空港所整備マネージャーをシップ・サイドに呼んで、どんな方法が考えられるか尋ねた。

「エアコンのジャバラからガスを入れることは技術的に可能ではありますが」

「李大佐、催眠ガスを入れるにしても、それは私の権限で用意するわけにはいきません。私は日本航空と日本国民にたいする責任を負う立場にあります。もし決行するなら、コントロール・タワーに日韓の代表がいるはずですから、そちらの許可をとってください。それなしにはだめですよ」

山本所長は強い調子で申し入れた。結局「やれ」という返事はこなかった。

午後十一時半ごろ、KCIAの金桂元部長がシップ・サイドにやって来て、いった。

「山本さん、機内の様子を探ってくれませんか。犯人たちはどんな武器をもっているのか。犯人たちの配置はどうなっているのかを知りたいのです」

山本所長は、これらの情報を江崎副操縦士から得ようと考えた。山本所長はこのとき日航の社員であることを伏せるため、ランプ作業服〔空港内で働く社員が着用する作業服で背中にJALというマークが書かれている〕を裏返して着ていた。山本所長は機体の下に入った。なんとか江崎副操縦士に自分が日航の社員であることを知らせるべく、服を脱いでJALマークを見せるようにして注意を引こうとしたが、なかなかこちらを見てくれない。機体の下は真っ暗闇だった。山本所長はもっていた懐中電灯で、グランド・パワー・ユニットにチラチラと光を当てた。

ようやく江崎副操縦士が気がついた。山本所長は金部長から手渡された新聞紙半分

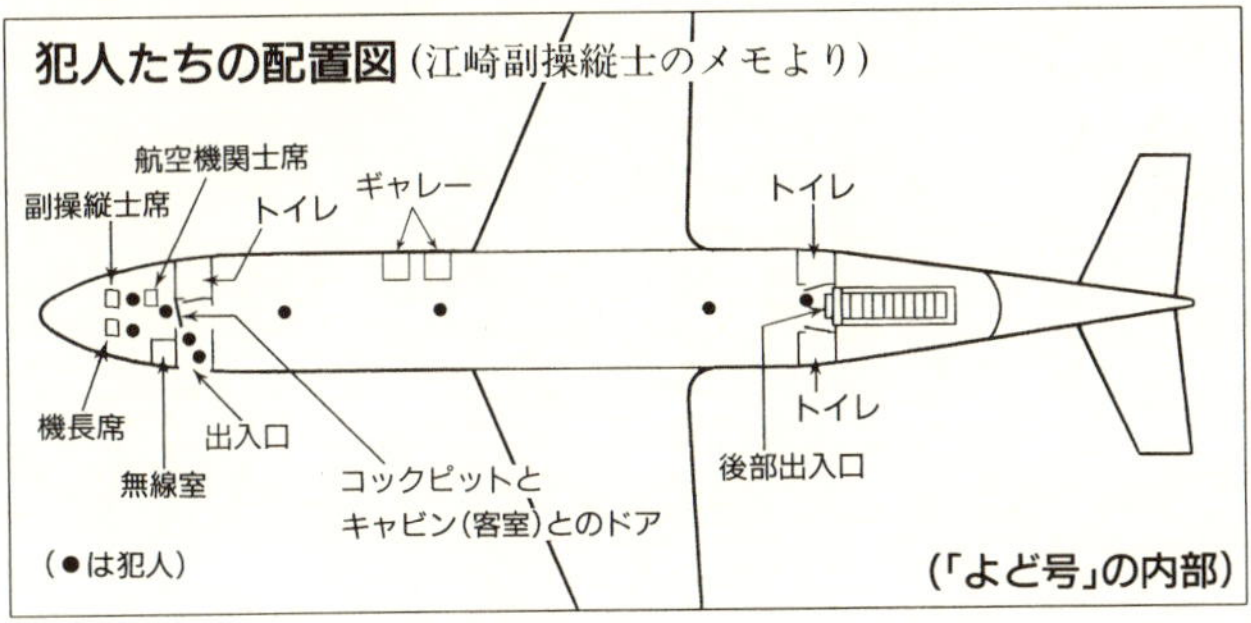

ぐらいの紙に「武器の種類、犯人の数、配置を教えてくれ」と大きく書いたものを、彼に見せた。江崎副操縦士はしかめ面をして「引っ込め！ 引っ込め！」と手で合図した。「だめかな」と山本所長はあきらめて機体の下に隠れた。

しばらくして山本所長は、地上になにか落ちていることに気づいた。それは機内サービス用の紙コップで、なかに紙片が入っていた。広げてみると、それは江崎副操縦士の答えだったので、金部長に手渡した。金部長は内容を確かめると、ただちに闇に向かって合図を送った。すると、闇のなかから人が引く気配がするのを山本所長は感じとった。

私はこのときの状況について江崎氏に聞いた。

私は地上との連絡をどうしようかと考えていました。犯人たちは目をつぶって仮眠している様子でした。機長の石田さんはもう眠っていました。

すると地上のほうでチラチラ合図するような光が見えたのです。見ると、JALのマークを示しながら山本さんが、武器の種類や犯人の配置を教えろというメッセージを見せていたのです。「そんなことを犯人が知ったら、こちらはえらいことになる」と思ったので、「引っ込め！」と合図しました。

しかし、地上の連中は眠らずに起きており、こちらの様子を知りたがっていることもわかりましたから、急いで飛行機の絵を描き、犯人はコックピットに三人と後部には六人いること〔そのころはもう人数もわかっていた〕、武器として爆弾やピストル、日本刀やナイフをもっていることをメモして紙コップに入れ、窓からポンと投げました。

これはあとで知ったことですが、私のメモから、犯人が九人おり、爆弾をもっていることが確実になったので、突っ込む（強行突破）用意をしていた韓国側は犠牲者がでると考えて、突っ込むことを断念したようです。

そうこうするうちに私のところへ紙片が届き、なんだろうと思って開いてみると、拳銃を窓から差し入れるつもりだが扱いを知っているかと書いてあったんです。なにを考えているんだとあきれ、「勘弁してくれ」と手で合図して断わりました。

強行突破のことについては、後年、丁国防部長官がはっきり認めておりました。

準備をすべてやり、予行演習もしていたそうです。私はそのことを直接本人から聞きました。

推測するに、韓国政府としては、人命尊重は貫くものの早期解決のため強行突破を考えていたようである。できれば予定されていた山村次官到着の四月一日朝までに解決したいというのが本音ではなかったか。日本政府の代表からいろいろ注文をつけられると、かえって処理が難渋すると韓国側は危惧したのではなかろうか。

交通部長官、白善燁氏のこと

三月三十一日の夕刻、交通部の白善燁長官がコントロール・タワーに入り、対策本部の責任者に加わった。ここで、白善燁氏について述べておきたい。

白善燁氏は、韓国第一野戦軍司令官、連合参謀会議議長を歴任し、韓国軍初の陸軍大将に累進した生粋の軍人である。陸軍大将になったときは三十二歳という若さであった。

ソウルの現地対策本部にいるあいだ、私は白善燁氏に何度か会うことになった。当時は白氏のこうした過去を知る由もなかったが、三十年後に日本で出版された白氏の回想記『若き将軍の朝鮮戦争』（草思社）で初めて知ったのだった。

氏は一九二〇（大正九）年、平壌《ピョンヤン》の西南、平安南道《ピョンアンナムド》江西《カンソ》郡徳興里《グントクフンリ》で生まれた。幼くして父親と死別し、六歳のとき母親に手を引かれて弟とともに七里〔二十八キロ〕の道を歩いて平壌にでる。当時の経済的に恵まれていない秀才が歩んだごとく平壌師範学校に進み、のち奉天《ほうてん》軍官学校に入学、軍人としての道を歩むことになる。一九四一（昭和十六）年、満州国軍に身を投じ、日本軍とともに中国共産党が主導する抗日ゲリラと戦った。「金日成《キムイルソン》」もこの抗日ゲリラにいたといわれている。

戦後、平壌に帰還し、金日成が権力をもつにいたると、共産ゲリラと戦っていた白善燁氏は、若き日の金日成との交流もあったが、生命の危険を感じて一九四六（昭和二十一）年、リュックサックに風呂敷包み一つで越南《ウォルナム》〔北緯三八度線を南に越えること〕し、ソウルに移った。そこで国防警備隊に応募して入隊する。

建軍初期の韓国国防警備隊には北朝鮮共産党組織が深く広く浸透しており、軍規は乱れ、共産党の指令によって一個連隊が反乱することもあった。

初代情報局長時代、白善燁大佐はこの闇組織の殲滅《せんめつ》に腕をふるい成功させた。当時のエピソードのひとつを白善燁氏はつぎのように書いている。

韓国軍に潜入している、北朝鮮の指令によって活動している分子は、情報局が入手したものとして、五〇〇〇人にのぼっていたが、実際には一〇〇〇〇人が対象となり、逮捕された。そのひとりに作戦教育局課長の「朴正熙少佐《パクチヨンヒ》」がいた。（朴少佐は白大佐より三歳年上で旧知の仲であった。朴少佐は悪びれたふうもなく淡々と供述し、組織の全貌を解明することに協力して、自身、共産党からの転向を誓った）しかし、少佐は共産党内の地位が高く、重罪が科せられた。刑が確定する前のある日、防諜課長から「朴正熙少佐が、どうしても白局長にお目にかかり、申しあげたいことがあるそうです。会ってやってください」との話があった。

朴少佐が捜査に協力したことを知っていた私は、無視することもできず、会うことにした。私たちはソウル市明洞《ミヨンドン》にあった旧証券取引所内の情報局長室で会った。

部屋に入ってきた朴少佐は、姿勢よく立ったまましばらく無言であった。

私から口を開いた。

「会いたいとのことですが、私は何をすればよいのですか」

「私を一度、助けてくださることはできませんか」

囚われの身で作業服姿だが、少しも卑屈なところはなく、終始毅然とした朴少佐に私はある種の感動を覚えた。

「わかりました。お助けしましょう」と、私は考える前につい言葉が出てしまった。

とはいえ私の一存で助命できるものではない。私は関係部署に、朴正熙少佐は早くから進んで供述し、全貌解明に役立ったと順序を踏んで上申した。その結果、朴少佐は刑の執行停止、釈放となった。情報局の金點坤《キムチョムコン》少佐と柳陽洙《ユヤンス》大尉に相談し、朴少佐を文官として戦闘情報課に勤務させることにした。

私が情報局長の任を離れたのちも朴正熙将軍は勤務を続け、私の後任の李龍文《イヨンムン》将軍とは肝胆相照らす仲となった。

一九六一年の軍事革命（朴正熙大統領誕生）にこれらの人間関係が大きくかかわっている。（重罪が科せられるべき）粛軍の対象者が大統領にまでなったことは事実である。

朴大統領は日韓国交正常化に多大な努力を払った。こじれきっていた日韓関係を修復し、親日的態度で正常化後の協力関係を築いた。もしも白局長が朴正熙少佐を助命しなかったら、日韓関係はまたべつの道をたどったかもしれない。

その白氏が朴正熙大統領の閣僚として大統領の指示のもと、「よど号」事件の解決に当たっていたのである。二人の因縁はけだし興味津々である。

英語も朝鮮語も話せなかった犯人

白長官がやって来たときにはすでに犯人との交信が始まっており、コントロール・タワーからソウル警察の外事課長がおもに犯人と交信していたが、課長は困惑しきっていたという。以下、白善燁氏の回顧〔『若き将軍の朝鮮戦争』〕から大要を引く。

「言葉が通じないのですよ。韓国語はまったく駄目、英語で交信しているのですが、これがまるで英語になっていない。なにをいっているのか、さっぱりわからない。まずは聞いてみてください」

私は外事課長にいわれて録音テープを聞いたが、たしかにブロークン・イングリッシュの域にも達していなかった。なんとかわかったのは「われわれは赤軍派だ」「ピョンヤンに行きたい」ぐらいで、こちらのいっていることは、ほとんど聞き取れていないのだった。これではいつまでたっても解決しないし、乗客の人命にもかかわる。そこで私は提案した。

「丁來赫将軍、それにみなさん、日本語を覚えておられるか。日本語を使おう。相手がこれでは、しかたがない」

「それもそうだ、これではしょうがない」とみなは納得し、「だいぶ使っていないが大丈夫かな」などといいながらも、結構流暢に日本語で交信を始めた。日本語を使えば、こちらが妥協したと思われ、悪い結果がでるかもしれないとの危惧はあったが、日本語に切り替えると犯人たちは狂喜した。

「日本語だ！　日本語で話している。われわれは赤軍派だ。要求は……」

以降犯人との交信は双方わかるようになった。

国際根拠地理論のもとに外国に闘争拠点をつくるべく計画し、そのためのハイジャックを実行した日本の大学生たちは、朝鮮語はおろか英語もろくに話せなかったのである。

こうして丁国防部長官はコントロール・タワーから日本語で「よど号」の犯人のリーダーに呼びかけた。

「赤軍派の諸君、君たちは不法行為によって善良な乗客を拘束しているのだ。ただちに乗客を解放して、降伏しなさい」

「われわれは、米帝国主義の傀儡《かいらい》政権を認めることはできない。金浦空港にも強制的に着陸させ、ここはピョンヤンだとわれわれを騙《だま》した。そんな者のいうことを聞くことはできない。韓国政府は欺瞞行為を平気でやるのだから信用するわけにはいかない。速やかに飛行機を離陸させろ。われわれは断固要求する！　ただちに離陸させろ」

「ここは韓国だ。君たちは不法に着陸したのだ。金浦着陸は不時着にすぎない。したがって韓国の法律にしたがうべきだ。君たちは韓国の法律をおかすことはできないし、われわれも絶対にそれを認めない。ただちに乗客を解放し、投降しなさい」

「飛行機の周辺に武装した軍隊の姿が見える。早く撤退させろ。われわれは韓国軍人をおそれるものではない。われわれはいつでも乗客もろとも爆破させる覚悟がある。われわれの要求を聞き、ただちに離陸させろ。おかしなことをしたら、われわれも報復するから覚悟しろ」

しばしの沈黙ののち、突然、シップ・サイドにあったスピーカーから大音量が響いた。

「飛行機奪取者に告げる!」

機体付近にいた韓国内務部外国課長が日本語で呼びかけたのだ。

「よく聞け。ここは日本とはちがうのだ。ここは大韓民国ソウルの金浦空港だ。おまえたちは、なんの罪もない乗客を監禁している。ただちに解放して降ろせ。おまえたちの飛行機は、われわれの助けにより滑走路までだしてもらわねば、そこからは自力ではでられないのだ。乗客を降ろしてくれれば、われわれはおまえたちに協力して飛行機をだしてやる。おまえたちを行きたいところへ行かせてやる。これは絶対約束する。この約束は必ずやる。乗客を降ろせ。いますぐ返答せよ。くり返していう。いますぐ返答せよ」

外国課長の声は機内の乗客にまで聞こえた。

「ここは大韓民国金浦空港である。乗客を降ろし、ただちに降伏しろ」

課長はくり返し呼びかけたが、機内からの反応はなかった。犯人たちはコックピットの無線でしか応答できなかったからである。

外国課長の呼びかけは、かつての帝国陸軍将官のように強圧的だったと、かたわらで聞いていた山本氏は述懐しているが、韓国側の論調は事件解決まで終始一貫しており、犯人側に妥協の余地を感じさせない確固たる態度であった。

金山大使が、コントロール・タワーから石田機長に交信した。

「大使の金山です。機長にお願いしますが、なんの罪もない乗客を機外にだすよう犯人側を説得してください」

「いまの状態は福岡空港のときと変わりません。学生たちは、韓国政府が北朝鮮と連絡をとり、全員無事に北朝鮮に着くよう、とりはからってほしいといっています」

「そんな甘いことをいったって応じられないことです。韓国と北朝鮮は敵対関係にあり、韓国が北朝鮮に連絡をとれるはずもありません。学生諸君はそんな非常識なことをいっていないで早く乗客を解放して、自分たちが行きたいところへ行けばいいではないですか。それは私が責任をもって韓国政府に申し入れ、絶対に実現します。お約束します」

「息がつまりそうです。これ以上長く留まることはできません。いますぐか、明朝、北朝鮮へ飛行できるようにしてほしい。その際自力で離陸できないので、エアー・スターター〔空気を勢いよく送り込んでジェット機のエンジンを回転させ初動させるために援助する空気圧縮機。エンジンが回転しだすと、あとは自力で次のエンジンを回転させることができる〕の支援をしてもらいたい」

犯人が交信に加わった。

「目的を達するまで乗客を人質にしたまま何日でも頑張る。もし攻撃や危害を加えたら自爆する」

江崎副操縦士が訴えた。

「酸素がほしい。乗客数人が気絶しそうだ」

コントロール・タワーは答えた。

「ドアを開ければいいではないか」

「赤軍が開けるのを許さない」

「緊急用の非常ドアを開ければよいだろう」

「この飛行機には非常用ドアがないんだ」

「爆弾を準備しろ！」

金浦に着陸すると同時に、「よど号」はすべての灯を消し、窓にはブラインドを降ろしたので機内は闇夜のように暗くなった。

江崎副操縦士とコントロール・タワーとの交信が終了してしばらくすると、犯人たちの行動がピタリと止まった。

「爆弾を準備しろ！　発砲したら、投げろ！」

闇のなかで突然、リーダーの声があがった。かれらは機外でなにかが起こりつつあることを察知したらしかった。ブラインドをあげ、闇をすかしてよく見ると機体をとりまくようにして大勢の黒い人影が少しずつ迫ってくるのが見えた。強行突破準備の動きが見えたのだ。

客室内の犯人はすぐさま行動を起こして各自定位置についた。ある者は尻のポケットから爆弾を抜き取り、鉄パイプ爆弾の栓を抜いて右手にもって構え、ある者は日本刀の抜き身を下に身構えた。

「爆弾が炸裂したらどうなるんだ。乗客は一様に身じろぎひとつせず、かれらを見守っていた」と立川政弘氏は手記に書いている。

緊張の時がすぎていったが、韓国軍による強行突破はおこなわれなかった。それは前に述べたとおり江崎副操縦士が犯人の配置図と武装状況をメモにして知らせたからだった。

犯人たちが再び動きだし、機内にはホッとした空気が流れた。やがてリーダーの機内放送が始まった。

「われわれには韓国政府の立場がよくわかります。われわれ飛行機強盗を乗せた飛行機が、自分の国に着陸しているのですから、簡単に飛び立たせるわけにはいかない韓国の立場は理解できます。

しかし、われわれは韓国へ来たくてやって来たのではありません。われわれの技術的未熟さと日韓両国の陰謀によって、強制的に、欺瞞的にこのソウルに着陸したというこの事実を確認せざるをえません。

無線で金山大使とも話をしましたが、話は平行線をたどっていて、われわれには一歩も譲歩する気持ちがない以上、当然ながら長期戦を覚悟せざるをえません。乗客の皆さんにはお気の毒ですが、病人などがでないよう十分われわれも考慮しております。健康に留意して、もし具合の悪い人がいれば、われわれにいってください。

それでは十二時から明朝六時まで就寝時間にしますので、二人ぐらいずつトイレに行くことにします。その場合、われわれの指示にしたがって、いちどきに皆が立ち上がらないように厳重に注意しておきたい、というふうに思います」

中央から順に後ろのほうに、トイレの順番が回ってきた。

第4章　現地対策本部

「ヒコーキ野郎」たち

三月三十一日、わが国で初めて起こったハイジャック事件の一報が入るや、日航運送部では乗客の家族からの問い合わせに応じ、関係先への情報提供をおこなうため全員が電話にとりついて応対した。

乗客のなかには著名な人もおり、関係者からの問い合わせの口調は厳しかった。日航がだらしないから赤軍派に乗っ取られたのだ。病弱な先生〔吉利和東大教授〕は絶対に福岡で降ろさなければならない。もし降ろせなかったら責任をとるように、といった非難めいたものも寄せられた。このとき日航には、犯人の数や携帯している武器、乗客の被害状況など客室内の情報は知らされていなかった。

奥泉次長の命を受けた私は、羽田空港内の日本航空オペレーション・センター三階奥にある運送部から同じフロアーの対策本部へと急いだ。オペレーション・センターは全長百メートルを超す広さだが、廊下は報道陣をはじめ社内外の人でごった返して

情報収集、乗客名簿の張り出しに慌しい日航本社

いた。対策本部に入っていくと、斎藤本部長が中央の席にドカッと坐って指揮をとっていた。机の上には何本もの電話機が臨時に備えつけられていた。

「島田です。お呼びだとのことで参りました」

「やあ、キミ、すまんが金浦《キムポ》の現地対策本部へ行ってくれ。小田切が本部長で行くことに決まったからな。頼むぞ。韓国はキミも承知のとおり複雑な国だから、くれぐれも気をつけてくれ。今夜十一時半に特別便をだす。政府と日航の関係者がそれで行くから、キミも支度をしてきてくれ」

「はい承知しました。パスポートはありますが、韓国のビザはありません。現地でとれますね」

「万事ソウルに指示しとるから大丈夫だ」

斎藤進専務取締役は「日本航空輸送会社」の生き残りで、根っからの「ヒコーキ野郎」であった。性格は豪放磊落《らいらく》。札幌出身で、早稲田大学卒業後、昭和十一（一九三六）年に「日本航空輸送会社」に入社した。私の義父、亀井《かめい》五郎《ごろう》も同じく「日本航空輸送会社」創業時からのベテランパイロットであった。

義父は大正九（一九二〇）年に蔵前高等工業を中退して千葉県津田沼にあった飛行機研究所に入校し、自費で民間航空パイロットの資格を得て以来、昭和二十（一九四五）年の終戦まで、国内はもとより東南アジア各地に飛んでいた。日本民間航空界の草分けであった。昭和四（一九二九）年に「日本航空輸送会社」が運航を開始したときには操縦士として参加した。

斎藤専務と義父は「日本航空輸送会社」時代からの親友だった。昭和十二（一九三七）年、海軍航空隊が北海道で冬期演習をおこなうので協力してほしいとの依頼を受けた「日本航空輸送会社」はスキー飛行の実験をし、測定データを海軍省に提出することになった。このとき斎藤専務が総括に指名され、義父がパイロットとして加わった。

試験飛行当日は快晴であったが前夜の大雪で、札幌丘珠《おかだま》飛行場は一・五メートルもの積雪であった。これではダメだ、延期しようと義父は思ったという。

「亀さん、人夫に雪を踏み固めさせるから、そこへ降りたらどうか」

斎藤氏はいい残して自宅へ走った。現金を抱えて帰って来たときはすでに人夫百五十人ばかりを集めていた。かれらを三列横隊に並べて腕組みさせ、雪原を何回も往復して踏みならし、昼ごろには雪の滑走路ができあがった。

このときのことを斎藤氏は自著『ヒコーキ野郎』のなかで、つぎのように書いている。


〝スキー〟をつけたフォッカー機がエンジンを四、五回、回転して排気管から煙が勢いよく出た。飛行機はゆっくり動きだした。亀井パイロットはプロペラ音より大きな声で「首尾は上々。飛んできます」というと、地吹雪をまき上げて飛び立った。やがて機影が再びあらわれて、みごとに着陸した。

「スキーが雪から離れるとき、着くときもまったく感じないし、こんな滑らかな離発着は初めてだよ」と亀井パイロットは報告した。これがわが国の雪上飛行の始まりであった。


「斎藤という男は、アイデアマンだし、若いときから度胸の坐った男だった」と、私は岳父と酒を飲んだときにたびたび聞かされた。斎藤専務からもよく「おい、オヤジは元気にしとるか」と声をかけられ、私とは親しみのある気がねのない関係になっていた。

現地対策本部長となった小田切取締役もまた「日本航空輸送会社」のパイロットの生き残りであり、戦後の「日本航空」のパイロット一期生であった。九州大学時代に「学生グライダー連盟」をつくり、みずから会長に就任した。卒業後、逓信省委託飛行訓練所を修了して「日本航空輸送会社」に操縦士として入社し、亀井の後輩となった。

「小田切君は『ルーちゃん』といわれとったが、なかなか大物の風貌があった。勉強家だし経営的センスもあったが、やはり役員になったなあ」

と、義父が洩らすのを私は聞いたことがある。小田切氏は面長の顔が下ぶくれしており、アメリカのフランクリン・ルーズベルト大統領に似ているところから、「ルーちゃん」の渾名《あだな》がついたらしい。

私は小田切取締役のところに挨拶にいった。

「島田です。よろしくお願いします。旅客名簿など必要事項は準備してあります」

「キミは亀井五郎さんの息子だって？　斎藤オヤジから聞いたよ。五郎さん、元気にしとるか」

それまで私は小田切取締役とはほとんど面識がなかった。一度、小田切取締役が出張でパリに来たとき、夕食をともにして歓楽街を案内したことがあるだけだった。

「なにか用意しておくことはありますか」

「いや、とくにない。キミが俺のそばについていてくれるだけでいいよ。なにかあったらそのつど相談するから、よろしく頼む」

「それでは十一時半の機内でお会いしましょう」

私はそういって、急いで帰宅した。

山村次官とともに特別便でソウルへ

昭和三十八（一九六三）年、三十九（一九六四）年、私はロンドンに二度出張し、東京海上火災と協力してロイズのアンダー・ライター〔保険元受業者〕と日本航空の機体、旅客賠償責任保険の保険料率交渉をしたことがあった。そのときアンダー・ライターたちから「日本航空は世界でもっとも安全な航空会社であることを、われわれもよく知っている。中南米で航空事故が頻発しているので航空保険業界はグルーミーだ〔かんばしくない〕が、日本航空にたいしては特別に考慮されるだろう」と異口同音にいわれた。日本航空の安全性は、世界的に高い評価を受け、保険料率もきわめて低い有利な条件を得ることに成功した。「よど号」事件が起きた昭和四十五（一九七〇）年当時もまだ日航の無事故記録はつづいていた。

ソウル行きを命じられた私たち日航社員の最大の使命は、対処を誤ることなく乗客の安全を守り、これまで培ってきた日航にたいする信頼をつないでいくことだった。万一、最悪の事態が生じれば、社会的責任を問われることはもとより、乗客をはじめ関係者にはかりしれない迷惑をかけ、損害を与えてしまう。それだけはなんとしても避けねばならない。人命尊重は絶対命題であり、私たちの使命は重大だった。韓国政府が「よど号」にたいしてどのようなスタンスをとるのかも心配だった。

何日分の身支度をしてゆけばいいのかもわからぬまま慌しく家をでた私は、三月三十一日午後十時に羽田空港国際線待合室に入った。

特別機ボーイング七二七型機には日航関係者のほかに、以下の人びとが搭乗した。

運輸省＝山村新治郎運輸政務次官
　　　　範光遠《はんこうえん》航空局総務課長
　　　　金井洋《かないひろし》航空局技術部長
外務省＝金沢正雄《かなざわまさお》アジア局参事官
防衛庁＝中島泉二郎《なかじませんじろう》航空幕僚監部運用課運用班長
警察庁＝後藤信義《ごとうのぶよし》警備局参事官
　　　　荒木貞一《あらきていいち》警備局公安二課長

三月三十一日午後十一時半、特別便は羽田を発った。途中、福岡で山村新治郎、范光遠氏を拾い、四月一日午前三時、ソウル近郊水原《スウオン》飛行場に着いた。この時点では、三十一日の午後三時すぎに「よど号」が金浦空港に着陸したという情報があるだけで、乗客がどのような状態におかれているか不明だった。むろん私には金浦において犯人とのあいだにどのようなやりとりがあったのか、詳しいことは知る由もなかった。

飛行場には日本航空ソウル支店の平田《ひらた》恒《つね》夫《お》支店長が出迎えた。満天の星は冴々として、気温は三、四度。コートを通して寒気が肌にしみた。初めて訪れた韓国で、戒厳令下の空港に降り立ったとき、私は見通しのたたない難題を思い、寒さと緊張感に身震いした。入国手続きは当局の特別手配によって簡単に終え、私たちは待機中のバスに乗り、ソウル市内の嘉会洞《カフェドン》にある金山大使の公邸へ直行した。

暗い道を三十分ほど走って私たちは大使公邸に到着した。応接室に通されると金山大使が待っており、これまでの経過が報告された。

「昨日午後三時すぎに、突然『よど号』が金浦に降りてきました。私はとりあえず金浦に行き、韓国側の国防部、交通部、内務部の責任者と会って、これまでのいきさつを聞きました。韓国側としては日韓航空協定に認められていない(指定外の)飛行機が韓国領空を侵犯したので空軍によるスクランブルをかけ、金浦に誘導したと説明しています。

金浦空港を警備する韓国軍兵士

韓国政府の方針は、まず第一に『よど号』は韓国に不時着した航空機であり、韓国の航空法にもとづいて離陸させる。韓国領土だから韓国が主体的に処理する。人命救助をはかるため、乗客・乗員の安全を第一に配慮する。日本政府の意向も十分斟酌する、ということです。

朴正熙大統領は、処理のしかたによっては韓国の威信にもかかわり、重大な危機にも発展しかねないので、慎重かつ着実に解決するよう指示しているようです」

派遣団を代表して山村政務次官が口を開いた。

「韓国側の意向はよくわかりました。福岡を発つ前に橋本大臣からも指示されましたが、くれぐれも乗客の安全を最優先し、赤軍派を説得するようにということでした。これから韓国側と協議しますが、私からも日本政府の意向を十分に伝えたいと思っております」

山村次官は、乗客の安全にすべてをかけるつもりであるといった。

金山大使はこういう忠告もした。

「ご存知のとおり韓国は戒厳令下です。空港には武装した兵隊が警備に当たっておりますので、行動にはくれぐれも注意してください。立ち入り禁止区域には絶対に入らないでください。種々の標識がありますので単独行動はせず、韓国側の人を案内役にして行動されるのがよいでしょう。

各省庁の代表の方は、韓国側の関係先機関、部局と連絡を密にしてことを運んでください。日航の方は『よど号』と乗客の動向、犯人の動向について、的確に把握し政府対策本部にご連絡ください」

三月三十一日、日本政府の対策本部はすでに空港内の管制塔に隣接した会議室に設置されていた。政府対策本部はわれわれ日航現地対策本部と緊密な連携をとりあうことを確認して打ち合わせを終えた。

払暁の大使公邸をあとに、私たちは再びバスで金浦空港へ向かった。

対策本部事務局長となる

四月一日午前五時、金浦空港着。私たちはターミナル二階のオペレーション・セクション〔運航管理課〕のデスクに対策本部を置き、最初の会議をおこなった。

冒頭で小田切取締役がいった。

「島田君、キミが事務局長になり、各人の役割を決めてくれ。東京との連絡もキミがやってくれ。諸君はすべてを島田君に報告し、指示は俺が島田君を通じてやるから、よろしく頼む」

正直なところ、私は困った。入社以来十四年間、私は経理と予算管理、総務の仕事しかやっておらず、飛行場の現場経験がなかった。入社したときの研修で一週間、羽田空港に行っただけだった。その私が、運航、整備、旅客運送サービスといった航空会社の現業が集約される空港の中枢機能をこなさなければならないのだ。しかもいま、世の中の目は金浦空港に集まっている。だが考えてみれば、各セクションには有能なベテラン社員が配置されているのだ。判断さえ間違えなければ、なんとかなるだろうと私は肚《はら》をくくった。

つづいて私たちは、それぞれの担当を決めた。

対策本部長＝小田切取締役

対策本部長代行＝平田ソウル支店長

事務局長＝島田運送部業務課長補佐
「よど号」現場担当＝山本ソウル空港所長
「よど号」現場との連絡係＝大竹ソウル空港所長
この下部組織として総務・広報班（足達雅彦《あだちまさひこ》ソウル空港旅客運送課長
運送サービス班（大竹課長ほか十五名）、運航班（私と同じ便で東京から応援にきた渡辺《わたなべ》
昌道《まさみち》運航部運航業務課長ほか三名）、整備班（結城ソウル空港所整備マネージャーほか五名）
を指名し、一糸乱れず業務を遂行してゆくことを申し合わせた。
会議後、羽田の本社対策本部とのホットラインを開設した。さすがに緊急事態とい
うことで、ソウル電話局はただちにつないでくれた。私は早速、第一報を入れた。
「島田です。ただいま現地対策本部を設置しましたので、これから逐一ご報告します」
「おう、島田君か、ご苦労さん。不馴れなことだが頑張れよ。なにかあったら報告し
てくれ。それに東京から送るものがあったらなんでも遠慮なくいってくれ」
斎藤専務の野太い声が電話の向こうから聞こえてきた。
「おまかせください。少々のことには驚かないでやりますから」
ホットラインの電話機を乗せた三個の机を部屋の真ん中に並べて対策本部はできあ
がった。事務局には現地総務マネージャーの金君がアシスタントとしてつくことにな
った。金君は英語が堪能なうえに献身的な好人物であり、私はたちまち彼と気持ちが

解け合うのを感じた。

現地対策本部となった日航オペレーション・セクションには、飛行機のコックピットと空港のコントロール・タワーを結ぶ交信用無線機があり、これら三者間の交信が同時にできたし、モニターすることもできた。つまり機内の犯人とコントロール・タワーとの交信を逐一聞くことができるしくみになっていた。

私はまずこの無線機を前に置き、両者のやりとりをモニターすることから始めた。犯人の要求、タワーの応答、コックピット・クルーの状況説明など一部始終を傍受して、客室内の動きや乗客の安否を知りたかったのだ。これによって私は、犯人たちの心理状態の変化や客室の異変を知ることができた。日韓両政府の交信者はときどき交替したが、これを一貫してモニターしているのは私ひとりだった。こうして私は金浦における「よど号」事件の全容を知る唯一の人間といっても過言ではない存在となった。

KBSモーニング・ショーのインタビュー

四月一日午前六時、犯人らは眠っているらしく、タワーとの交信はなかった。

午前六時三十分。アシスタントの金君から「ＫＢＳが、『七時十五分から始まるモーニング・ショーにＪＡＬから誰か出演してインタビューに応じてほしい』といってきていますが」と報告があった。

「誰かがでないわけにはいかんでしょう。平田さん、あなたは韓国のことは詳しいし、あなたがでられるのがいいんじゃありませんか」

私がいうと、平田支店長は、

「私はまずいですよ。韓国の人は日本にたいして複雑な感情をもっているから、うっかりしたことしゃべったりすれば、あとの祟《たた》りが恐いですからね。勘弁してください」

「そんなことをいわれても……。日航ソウル支店長として、あなたがしかるべきお話をされるのが筋じゃないですか」

「そうだ、平田君、キミでてくれよ」

小田切本部長がいった。

「いえいえ、それは絶対お断わりします。あとあとのことを考えると私はまずい。それよりも日本の事情をよく知っとる東京の人が話すのがいいんじゃないですか」

「それなら小田切さん、でてください」

私は小田切本部長にいった。

「俺はダメだ。向いとらん。話もうまくない。平田君がどうしても嫌だというんだったら、島田君、キミでてくれ」

たしかに小田切さんは話が滑らかなほうではなかった。いっていることの意味がはっきりしないこともあった。

「私は事務局にすぎないし、JAL代表としては役職上ふさわしくありませんよ」

「そんなことはない。キミがええ。キミでてくれ」

二人とも逃げたな。そう思ったが、こうなったらしかたがない。

「じゃあ、やりますが、私流に勝手にやりますよ。いいんですね」

「いいよ、キミにまかせる」

これで私の出演が決まった。とりあえず頭のなかを整理しておかねばなるまい。日本の世論、ハイジャックについての見解、赤軍派に関する情報、その誕生、活動状況、事件の見通し、北朝鮮にたいする見方、乗客の安全対策、韓国政府への注文等々について私は考えをめぐらした。

七時十分。窓から見下ろすと、空港ターミナルビル正面の進入道路脇にKBSの中継車（マイクロバス）が停まっていた。物見高いソウル市民が大勢バスをとり囲んでいた。番組関係者に導かれて中継車の屋根に立つと周囲が見渡せて、そんな状況のなかでも気分は爽快となった。太陽はすでに東の空にあり、その日の好天を約束するように強い陽射しを送ってきた。

KBSの若いアナウンサーがマイクを手に、待ち構えていた。ほかに通訳がいて屋根の上は三人となった。名前と役職を聞かれたのち、アナウンサーが話しはじめた。「よど号」事件のため東京から来た日本航空の島田さんに聞いてみます、といった内容らしかった。以下、そのときの一問一答である。

ＫＢＳ――「よど号」がハイジャックされたとき、あなたはなにをしていましたか。なんで事件を知りましたか。

島田――羽田の会社に出勤する途中、タクシーのラジオで知りました。八時半ごろでした。

ＫＢＳ――日本航空はこのハイジャックについてどう思っていますか。

島田――まず初めに、今回のハイジャック事件で貴国に大変なご迷惑をかけていることにたいして、日本航空、日本人に代わってお詫び申しあげます。また、昨日来、韓国の関係者の方々が大変な努力をされていることに心からお礼申しあげます。

ハイジャックをしたのはけしからん、と思っております。じつに許しがたいことです。日本で初めて起きたハイジャック事件であり、しかも暴力集団の赤軍派が犯人であることから解決に困難を来しております。日本航空としては、なんといっても乗客の皆さんを一刻も早く安全に救出できるよう努力してゆきたいと思っております。

ＫＢＳ――犯人の要求どおり早く北に行かせたほうがよいのではないか、というのが日本の世論だと聞いておりますが、その点についてどうお考えですか。

島田――たしかに一部には、犯人の要求に逆らわず早く北朝鮮に出発させ、そこで乗客を解放させればいいじゃないかという人がおります。しかし、北朝鮮がすんなりと受け入れてくれるかどうかもわからず、安全に着けるかどうかもわかりません。国交のない国ですから、いろいろと難しい問題が生じるかもしれませんので、できればここで解決したいと希望しております。

KBS――日本のマスコミによれば、「人の命は地球より重い。早く北へ行かせて乗客を北で救出させるべきだとの意向である」と伝えられておりますが、どう思いますか。

島田――「人の命は地球よりも重い」というのは日本人の情緒的表現で、あくまでもたとえにすぎません。北朝鮮に行けば全員が安全に救出される保証はなにもありません。また長期間拘留されたりすれば、それはそれで非常な苦痛を乗客・乗員に与えるわけで、簡単なことではないと思います。

KBS――日本人は北をどう見ているのですか。もし犯人の要求どおり北へ乗客をもっていったら、乗客はどうなると思いますか。

島田――韓国と北朝鮮の関係について多くの日本人は十分な理解をしていないかもしれませんが、少なくとも根本的な問題として両国に政治体制のちがいが存在するという点は知っていると思います。乗客が北朝鮮に行ったときどうなるかという点については、正直にいって私には想像がつきません。しかし、ここ金浦で解決されることを前提にこうして来ているのですから、ここで解決できることを切に祈っております。

KBS——北が共産主義国家であることはご承知のとおりですが、その点についてどう思っておりますか。

島田——北朝鮮が共産主義国家であることは十分承知しておりますが、その是非について私はとやかく申しあげるつもりはありません。それは北朝鮮の国民が決めることです。私個人としては共産主義を容認する気はまったくありません。

KBS——今回の事件で、こんご韓国と日本との関係にどのような影響があると思いますか。

島田——まことに不幸なことに、これは日本で生じた事件であり、本来は日本で解決できたかもしれません。しかしいろいろ努力したのですが、犯人側が所持している武器、とくに爆弾に対しては手がだせず、事件を韓国にもち込んでしまいました。その点については日本人の一人として申し訳なく思っております。

韓国にとっては、まことに迷惑なことで、政府の努力に感謝しております。日韓両国にまたがる事件ですので、両国が力を合わせて努力すれば解決できるのではないかと思っております。よろしくお願い申しあげます。

KBS——ありがとうございました。島田さんは韓国へ何回ぐらい来ましたか。

島田——初めてです。こんなことで来るのは残念です。またゆっくり来ようと思っています。韓国の皆さん。ありがとうございました。ご協力感謝しております。

人気番組のモーニング・ショーは視聴率も高く、この実況放送は全国津々浦々まで流れたと、あとで聞いた。

「韓国政府は君たちの要求を絶対認めない」

午前七時五十分、四月一日になって初めての交信がおこなわれた。山村政務次官、金山大使、小田切取締役、韓国側の丁国防部長官、朴内務長官、白交通部長官がタワーから呼びかけた。モニターの受信機にはっきりした声が入ってくる。まるで実況放送だった。

丁長官——おはよう。昨夜は眠れたか。よく考えて返事しなさい。乗客を全員降ろしなさい。なんの罪もない乗客にこれ以上迷惑をかけてはいけない。ここは韓国である。君たちには自由がない。韓国政府は君たちの要求は絶対に認めない。乗客をここで降ろさなければ、君たちはどうすることもできない。ただちに答えなさい。

犯人——われわれの要求は一歩も引かない。韓国政府のいうことは信用できない。

乗客とともにピョンヤンへ行く。われわれは死をも覚悟している。どうしても北朝鮮へ行く。一年でも二年でも頑張るつもりだ。

丁長官――君たちは昨年十二月、北朝鮮に乗っ取られたまま、いまだに抑留されている大韓航空機の乗客・乗員十一人のことも知っているだろう。乗客たちは日本へ帰し、君たちは北朝鮮へ送り、大韓航空機の残留乗客・乗員たちと交換するつもりだ。これで君たちの生命の保証は信じられるだろう。またその証拠として、韓国側から一人乗り込ませる用意がある。

犯人――何日間でも機内で籠城する。われわれに攻撃を加えてくれば自爆する。われわれの目的はこの飛行機に乗ったままピョンヤンまで飛んでいくことだ……。うるさい！　なぜくどくど、くり返しいうのか。

金山大使――私は日本国大使の金山です。乗客をこれ以上抑留しておくことはできない。ぜひとも（北に）行きたい人は飛行機をもっていってもよい。私が保証する。行きたくない人は残していきなさい。私がいうことは韓国政府の立場とまったく同じです。誰か乗客と代わってください。

ここで乗客の松元利行氏〔三井機械販売業務課長＝当時〕が無線にでた。

松元氏――昨日から全乗客が苦しんでおります。心身ともに疲労困憊しています。福岡では子供と婦人を降ろしたのだから、われわれはピョンヤンへ行くものと思っていたのに着いてみたら韓国でした。いまの状態は日本にいるときと同じです。この状態がつづけば、乗客たちは生命の脅威を受けそうです。ピョンヤンへ行ったのち、国際赤十字を通じて交渉させるのがいいと思います。北朝鮮に行かせてやってはどうですか。

金山大使——私の立場は韓国政府と同じなのだから、乗客を乗せたままでは出発できません。北朝鮮へ行く意思のない人を行かせるわけにはいきません。乗客を降ろしてから行くように頼みます。

松元氏——現在機内は非常に疲れております。皆さん、立ち上がることもできないほどです。

金山大使——なんでも必要なものがあればいってください。食事であれ毛布であれ、なんでも提供します。若い人たちが乱暴な行動にでないよう、よく説得してください。私は皆さんのために尽くすつもりです。なんなりと、私にできることがあればいってください。

犯人——韓国政府や日本政府のやり方は最初からわれわれを欺瞞している。ピョンヤンではなくソウルの金浦空港であるにもかかわらず、ピョンヤンだと偽り、韓国軍人に北朝鮮人民軍の制服を着させて騙したりしているから、まったく信用できない。日本と韓国が結託してわれわれを窮地に陥れようとしている。われわれは最後まで闘い、自爆する。

午前九時四十分。

タワーから丁国防部長官が呼びかけた。

「乗客を降ろしなさい。君たちは不法行為をしとるのだ。ここは韓国だ。君たちは韓国の法律によって処理される。ただちに乗客を解放し、投降せよ。ここは韓国だ。われわれは君たちの要求を認めない。ただちに乗客を解放して投降せよ。以上厳命する！」

以後、およそ一時間おきに同じ命令調のせりふがタワーから発信された。韓国政府の犯人にたいする態度は一貫しており、妥協の余地をまったく感じさせなかった。犯人たちは黙して応答なし。やはり戒厳令下の国家であった。

私は韓国側の呼びかけをモニターしながら戦争中のことを思い出した。戦時体制下で掲げられた「鬼畜米英」「聖戦完遂」「なにがなんでもやり抜くぞ」といったスローガンに幼い心がおどったものだ。あの表現も命令調だった。「以上厳命する！」と末尾につけ加えられる言葉は、犯人たちの固い決意の根っこに打ち込まれる鏨《たがね》のようにも感じられて、私は驚きとともにある種の小気味よさを覚えたものだった。

午前十時の交信。

丁長官――乗客を降ろしなさい。そうすれば目的地に出発させる。グランド・パワー・ユニットが過熱している。

石田機長――心配しないでもいい。それより便所がいっぱいであふれている。なんとかならないか。

丁長官――こちらから機内に入れないので、外からなんとかしてみよう。

午前十一時三分の交信。

金山大使――君たちも命を粗末にしないようにしなさい。

犯人――われわれを騙すような大使の言葉は信用できない。

金山大使――ところで北朝鮮は君たちが行くのを知っとるんですか。

犯人側は黙りこみ、しばらく応答なし。

犯人――連絡していません。

金山大使――機内の乗客も大変疲れているだろうし、早く降ろして、ピョンヤンへ行けばよいでしょう。降ろしさえすれば、君たちの希望どおりにすることは、私が必ず守りますから、早くしなさい。

犯人――ピョンヤン、ピョンヤンという誘導無線に乗ってここまで来た。ピョンヤンかと思ったがちがう。飛行機の知識がなかったわれわれがいけないのか、あなたが騙したのが悪いのか、よく考えてほしい。われわれは、あくまで乗客とともにピヨンヤンへ行くのだ。

午前十一時三十分。コントロール・タワーより金山大使と山村次官が再び呼びかけた。

山村次官――早く乗客を降ろしなさい。君たちの返事を待っております。

石田機長――ピョンヤンと思い込んで着陸したらソウルだった。われわれは、食事もせず、寝もせずに汚れた空気のなかで頑張っているんです。昨夜は機内の温度が四十度にも上がり、酸素も足りない状態でした。韓国側が酸素を供給してくれるが、なにかガスを混ぜこまれないか不安でしかたがありません。

乗客たちは疲れ果てております。腹も減っている。この状態がつづけば、私は乗客の生命の安全を保証する自信がありません。まず乗客を救うことを第一にしてください。韓国政府の要求を聞くのも大事ですが。

白長官――国籍不明機が、わが国の上空を北へ向かえば、これを強制着陸させるのは主権国家の慣例です。われわれは乗客の安全のために着陸させたのです。

犯人――では、なぜ金浦空港をピョンヤンと騙すようなことをしたのか。

白長官――君たちがピョンヤンへ行くとの情報を事前にもらっていたからです。乗客の安全のためにとった措置です。もし君が韓国政府の立場だったらどうするか。

犯人――うるさい！　金山大使をだせ。返事を早くよこせ。裏工作をやめて堂々とやってくれ。

山村次官――韓国がとった措置が寛大であったことは、よく知っているはずです。乗客の安全さえ保証できれば、みなさんは目的地に飛び立てるのです。早く降ろしなさい。

私はこうした一連のやりとりを逐一、羽田の対策本部へ報告した。

橋本運輸大臣派遣を決める

佐藤首相は、四月一日早朝、保利官房長官に電話して「韓国政府をあげてこの事件に深い配慮をしている事態からも、すでに現地へ派遣している山村政務次官らに加えて閣僚級を急派すべきである」と指示した。

保利官房長官はただちに愛知外務、橋本運輸大臣と協議し、橋本運輸大臣を派遣することを決め、須之部《すのべ》外務省アジア局長、寺井久美《てらいひさみ》運輸省航空局審議官を橋本大臣に同行させることにした。午後一時三十六分羽田発YS－11機で三人はソウルに向かった。

このとき政府部内では、人命保護のうえから乗客を降ろさないまま離陸することもやむをえないとみていた。こうした状況判断から、橋本大臣が韓国側と協議し、場合によっては韓国側を説得しなくてはならないが、それができるかどうかが最大の焦点になるだろうと予想された。

日本政府はすでに駐ソ日本大使館を通じて事件の概要をソ連政府に説明し、ソ連を通じて北朝鮮政府にたいし「よど号」の安全着陸を打診している。一方で日赤が国際赤十字社を通じて北朝鮮への接触につとめていた。

松尾《まつお》静磨《しずま》日航社長は三月三十一日、モスクワ経由ヨーロッパ線開設のためパリへ行く途次モスクワに滞在していた。モスクワからパリへ出発する前、松尾社長はアエロフロート航空のベセジン国際局長を訪ね、「よど号」が北朝鮮へもっていかれることになった場合、モスクワ―ピョンヤンの外交ルートを通じて事態収拾に協力してほしいと要請した。ベセジン局長はただちにロギノフ民間航空相へ電話して日航の意向を伝えた。ロギノフ大臣はこれを受け入れ、モスクワの北朝鮮大使館へ「日航機の乗客の生命を守るよう北朝鮮政府へ働きかけること」を申し入れた。

コックピットの交代要員

前日、三月三十一日夜、本社対策本部では、事件解決の見通しがたたないことから、長時間にわたって緊張状態におかれている「よど号」の乗員の疲労が激しくなり、運航に支障をきたすおそれがあるとみて、交代要員を決めていた。日航幹部が考えた人選の基準は「なにを要求されても応じられ、冷静な判断を下せる者」だった。

その結果、機長増子《ますこ》富雄《とみお》（五十歳）、機長越田《こしだ》利威《としたけ》（四十七歳）、機関士早野俊一《はやのしゆんいち》（四十三歳）、客室サービス要員としてパーサー犀川敏夫《さいかわとしお》（三十八歳）、パーサー鈴木良一《すずきりよういち》（三十四歳）、スチュワーデス永島玉枝《ながしまたまえ》（三十二歳）、松岡依子《まつおかよりこ》（二十三歳）が要員と決まった。

万一、北朝鮮へ行くことになった場合、増子機長、越田機長、早野機関士が同行することになる。いわば〝人質〟として現地へ向かうわけだが、増子機長は記者団にたいして、

「改めて決意というものはありませんが、ともかく乗客の安全だけを考えます。ひょっとすると北朝鮮へ飛び、拘留されるという事態もあるでしょうが、覚悟はもちろんできています」

とおだやかに語り、クルーは三人とも覚悟は十分だと記者の質問に答えた。

増子機長は「よど号」事件ののちに各地で発生したハイジャック事件でも交代要員として派遣されたが、犯人の脅迫に沈着冷静に応対して職務を全うし、内外から称賛された名パイロットである。

一行は四月一日朝十時、羽田発ＪＡＬ九五一便でソウルに向かい、正午ごろ金浦空港に着いた。

長期戦となるのか

四月一日の「よど号」機内。午前七時。スチュワーデスがキャンディーを配る気配で乗客は目を覚ました。

「乗客の皆さま、ただいまからスープを配ります。全部にはいき渡りませんので、三分の一ぐらいずつにします。四十人ぐらいの方は砂糖水になるかもしれません」

前夜七時半にサンドイッチを食べたのち、犯人たちは一刻も早くピョンヤンへ行くため、乗客の食料搬入を拒否する戦術をとるようになっていた。機内の食料はほとんどなくなっていた。

スチュワーデスは前日の残りのスープを温めて配った。スープと砂糖水だけの朝食が終わると、あとはすることはない。緊張感がゆるみ、倦怠感が客室内に広がった。

午前九時、地上からのスピーカーで前日と同じく「乗客を全員解放せよ」という命令調のセリフが聞こえてきた。

このころになるとスチュワーデスのあいだでも話ができるようになった。

「どんなに疲れていてもお客さまの希望と元気を引きだすため、わたくしたちが明るくサービスすることが大切だから頑張りましょうねと部下のスチュワーデスに呼びかけていました」と神木さんは当時を語った。

正午。赤軍派の機内放送が始まる。

「乗客の皆さん、現在の状況について説明をしておきたいというふうに思います」

彼ら独特の言いまわしとイントネーションに乗客は馴れてきた。

「われわれは現在全国に指名手配を受けている者であります。しかもいま、こうして飛行機を強奪し、日本と韓国の権力と闘っていることは皆さんも認識しておるところであります。かかる状況下と条件のなかで、われわれが権力のいうとおりにして日本へ帰るようなことがあれば、そこには死以外のなにものも待っておらないということを知らなければならないというふうに思います。

皆さんには、このようなわれわれの立場とわれわれが目指す政治的使命と目的を理解していただきたいというふうに思います。同時に乗客の皆さんが現時点に置かれている状況についても冷静に再認識をしてほしいと思うしだいであります。

われわれは国家権力と闘い、帝国主義と闘い、資本主義ブルジョアジーと対決したいと固く決意しております。乗客の皆さんは私たちの捕虜となり、運命をともにするわけですが、われわれがピョンヤンに着きしだい、折り返し日本へ帰れるはずであります。

われわれは昨日から韓国政府と金山大使に向かって、早くピョンヤンへ飛ばせろと要求しております。ところが向こうはあくまでも乗客を降ろせというばかりで、われわれの決意が固いのを知ると、こんどは食料や水を入れさせろといってきております。われわれとしてはピョンヤンに行きさえすれば、そういった食料などの問題はただちに解決する問題であるから、かれらの要求を全面的に蹴ってきました。

両方一歩も引かない以上、当然長期戦となることを覚悟せざるをえない現状にあります。われわれの交渉相手が日韓両政府を巻き込んでのものである以上、われわれも時間を切って決断を迫るような策をとらないで、何日でも頑張ってみせるつもりでおります。乗客のなかから病人などをだして事態を混乱させたくないので、そういった面でも十分配慮をしたいというふうに思っております」

リーダーの演説はようやく終わった。

この間、マクドナルド神父は一所懸命にボールペンを走らせていたと立川氏は手記に書いている。

第5章　協議

狭心症の発作を起こした先生

四月一日午後五時すぎ。「よど号」内の乗客ひとりが、発狂状態に陥ったとの情報が流れ、現地対策本部に緊張が走った。しかしこれは誤報であった。救出後にわかったのだが、客室の前方にいた乗客が「食事をさせろ！」と叫んだ声が、コックピットのマイクを通じてコントロール・タワーに流れ、極度の恐怖と緊張から精神に変調をきたした人がでたととられたのだった。

午後六時三十分。

「あっ、大変だ！」

罵詈雑言《ばりぞうごん》をくり返していた犯人の異常な声がタワーに入ってきた。山村次官が聞いた。

「なにが大変なんですか」

「病人です。狭心症らしい。すぐに薬を入れてください」

交信を傍受していた私はアシスタントの金君に頼んで、このような事態に備えて私たちが乗ってきた特別便でたっぷりもってきた各種救急医薬品のなかから、できるだけ多くの種類を、約二キロ離れたシップ・サイドに急いで運ばせ、韓国軍にコックピットの窓から差し入れてもらった。

「よど号」には聖路加病院内科医長の日野原重明《ひのはらしげあき》先生、東大医学部教授の吉利和《よしとしなごむ》先生が乗っていたので、薬さえあれば適切な処置をとってもらえるだろうと思い、私はさほど心配していなかった。しかしまもなくわかったことであるが、発作を起こした乗客は東大の吉利教授その人だった。先生が病弱であることは事件発生直後に羽田にかかってきた関係者からの電話による照会で聞いていた。吉利教授は「東大医学部ご三家」のひとつといわれる吉利内科で著名な医師であり、九州で開かれる学会に出席するため「よど号」に乗っていたのだった。

病人の発生について山村次官と犯人とのあいだでつぎのようなやりとりがあった。

山村次官――せめて病人だけでも降ろしなさい。ぜひそうしてください。お願いします。

犯人――それより、山村次官にいいますが、明朝六時に離陸するよう手配してくれませんか。ただし、金浦空港で乗客はひとりも降ろすことはしません。乗客全員を乗せたままピョンヤンへ出発するということです。この要求は最終的でかつ絶対的なものです。これに応じるなら、飲食物、たばこ、毛布の差し入れに応じます。

山村次官——そのことは韓国側に伝えるが、なによりも乗客のために食料、水など健康上の問題を優先すべきじゃないですか。早くそれらを受け入れなさい。乗客のことを考えてあげるべきでしょう。食べ物も（「よど号」の）そばに用意しているのですから。

犯人——明朝六時に離陸することを条件として、食料を入れることに同意します。

犯人たちは乗客とともに一刻も早くピョンヤンへ飛び立ちたかった。食料や飲み物を乗客に与えると金浦空港の滞在時間が長くなり、自分たちに不利な展開になるとおそれて、飲食物の機内搬入を拒否していたことは前述した。

これを聞いた現地対策本部ではシップ・サイドの山本所長へ伝令を飛ばし、用意されていた機内食のランチ・ボックスと一人当たり一本の巻きずし、飲み物、たばこ、紙コップなどを搭載した。これらはすべて江崎副操縦士が受け取った。

山本所長は、ブラインドが開いている客室窓からのぞき見て、乗客がたしかに食べているのが見えたと対策本部へ報告してきた。

乗客のなかに精神に変調をきたした人がいるとか、狭心症の発作を起こした人がいるといった情報が日本国内のテレビやラジオで報じられたため、東京の対策本部は乗客の健康状態はどうなっているのかと、しきりに問い合わせてきた。私はシップ・サイドと現地対策本部との連絡係をしていた大竹旅客マネージャーに乗客の様子を知らせてくれるよう頼んだが、機内との連絡はうまくいかず、しだいに焦りを感じるようになった。

乗客を巻き込む戦術へ

四月一日夕刻の「よど号」機内。

乗客は解決のメドがたたない状態に失望し、苛立ち、黙りこんでいた。年配の乗客が「俺が乗客を代表して韓国側を説得しようか」といったりした。

再び饒舌なリーダーの放送が始まった。

「山村運輸政務次官が日本から来ております。彼との交渉は、乗客を降ろせ、降ろさないのやりとりで平行線のままです。夜は飛べないので出発は明朝以降になります。乗客の皆さんに現状について若干事実関係をお知らせしたいと思います。

日本から来た山村政務次官が、乗客を降ろすようにいってきました。『山村さんは運輸省の責任者として大臣の代わりに来たのか、それなら用はないから帰れ。われわれの問題はすでに、日本、韓国、北朝鮮といった三国間の問題になっております。こ

コックピットの窓から脚立を使って食料を差し入れる

のような国際的問題に一運輸大臣が来ても、それは国内の問題の場合であって、なんの役にも立ちませんよ』といいましたところ、山村さんは『日本政府の代表として来た』といいますので、それならと、明朝六時までのあいだに、われわれが直面している問題について話し合いをすることにしました。

何回も申しましたように、われわれは断固としてこのハイジャックを成功させるか、そうでない場合は、皆さんには気の毒ですけれども自爆するかのどちらかを決意せざるをえません。以上がだいたいにおける現時点の状況であることを、客観的に確認したいというふうに思います。

いまから食料を入れますが、なんでもいいですからどんどん要求をだし、食事でも毛布でもたくさん用意させて、ゆっくりしたいと思います」

食事の入ったダンボール箱が運び込まれ、弁当が配られた。巻きずしのシャリには麦が混ざっていた。

「さらに申しあげたいことがあります」

リーダーがつづけた。

「山村次官は、君らのいうこともよくわかるといっておりますが、山村さんの気持ちだけで解決できるものじゃありません。日本政府の態度を変えさせる必要があります。われわれとしては、日本の三大紙の報道ぶりを見たいと思っています。たぶん、われわれが勝手に韓国に不時着したといっているだろうし、乗客にハンストを強いている、といっているにちがいありません。悪質なデマゴギーが載っているはずです。

われわれの目的は、北朝鮮に行くことであります。第二が朝日、毎日、読売の三大紙に、われわれの主張を曲げずに取りあげさせること、第三に、日韓両国でおこなわれた陰謀について、事実を報道させること。こんごもこの事態が解決しないなら、乗客の皆さんのご協力も仰ぎたいというふうに思います。

われわれはここにおいて、明らかにこの問題が長期戦の様相を濃くしたことについて、はっきりと再確認をしなければなりません」

犯人側はここにいたって、ついに乗客を巻き込んでの対決に戦術を変質させた。

膠着状態、つづく

特別機で金浦空港に到着した橋本運輸大臣は一日の午後七時すぎ、待ち受けていた白交通部長官と貴賓室で会談した。日航からは小田切本部長と私がこれに陪席した。私は現場総括の山本所長から受けていた情報、とくに「よど号」の窓越しにのぞき見た機内の乗客の様子について説明した。

このとき橋本大臣と白長官は、つぎのような方針を確認しあって、犯人説得につとめることにした。すなわち、膠着状態がつづいている犯人との交渉にかんがみ、この日は「よど号」を離陸させないことにする。犯人が乗客の解放と乗員の交代に同意するなら、四月二日の朝にでも北朝鮮へ行かせることを考える、というものだった。

午後九時三十分、金山大使と山村次官はこの決定にもとづいてコントロール・タワーから犯人に呼びかけた。

金山大使——橋本運輸大臣が金浦に来られ、韓国の白交通部長官と会って協議されました。「よど号」の乗務員は全員疲労しているので、今日、日本から来た新しい乗務員と交代してピョンヤンへ行くよう手はずをととのえました。明日の朝、乗務員の交代をさせなさい。そして乗客全員を降ろしたら、明朝ピョンヤンへ行くのを認めることにしました。これは日本と韓国が合意したことだから必ず守られる約束です。君たちもピョンヤンへ行けるのだから、目的は果たせるじゃありませんか。

犯人——われわれは乗客全員とピョンヤンへ行くのが目的だ。われわれの決意は固く、だれがなんといおうと変わらない。今夜はもう遅いので出発できないことを認めるが、明朝六時に出発させることを要求する。これが現時点でわれわれができる最大限の譲歩だ。これまでも、要求を受け入れなければ自爆も辞さないといってきたが、もし明朝六時に出発させなかったら飛行機を爆破する。われわれは乗客とともに自爆することを決意した。これは必ず実行するから覚悟してくれ。

犯人はこれまでになく強い調子で「自爆する」といった。事態は容易ならざる局面を迎えていた。私は不吉な想念にかられて暗澹《あんたん》とした気持ちになった。

日本政府の方針変更

この日、四月一日の昼ごろ、板門店《パンムンジョム》に置かれている軍事休戦委員会の北朝鮮秘書長が「よど号」の受け入れについては「人道主義的待遇」をとると国連側に約束したと伝えられた。さらに午後三時、北朝鮮の「朝鮮中央通信」が、「よど号」が北朝鮮領空内を飛行した場合でも安全を保証し、受け入れの意思があると報じていることが伝えられた。

愛知外相はこれらを関係者に知らせた。それまで政府部内では、三月三十一日、休戦協定ラインを越えた「よど号」にたいして北朝鮮が「対空砲火」を浴びせた、というう米軍筋から流された未確認情報をもとに、「北朝鮮は『よど号』を受け入れないだろう」とする意見が大勢を占めていたのだが、ここにきて「乗客の安全を守るためには、犯人の希望どおり北へ向かわせるのもやむをえない」とのムードが高まっていったようだ。

午後十時、保利官房長官は首相官邸で記者会見し、「ヤマ場は明日の朝、乗務員の交代がおこなわれる時期だ。このときに進展があると思う」と語り、北朝鮮側の受け入れ表明については「まだ政府に公式に届いていない」と述べた。

こうした政府部内の意向を受けて、ソウルでは午後十時四十分、金山大使公邸に橋本大臣、山村次官、金山大使、日航小田切取締役、鈴木運輸省官房長が集まった。話し合いの結果、犯人の要求に応じ、乗客を乗せたまま北朝鮮へ行かせ、北朝鮮政府の協力を得てピョンヤンで乗客と乗員を救出するという方向で韓国政府の理解を求めるとの方針が決まり、金山大使が早速これを韓国側に申し入れた。

しかし韓国側はこの方針変更に反対した。前年の十二月十一日に北朝鮮に乗っ取られた大韓航空機の乗客・乗員十一人の未送還問題をかかえていた韓国は、これを非人道的かつ軍事休戦協定違反だと非難していた。したがって、北朝鮮行きを希望しない乗客を乗せたまま離陸させ、そのままピョンヤンに向かわせることは、韓国の国内問題としても許されないことだし、非人道的だと主張したのである。

最終的な方針をめぐって、橋本大臣と韓国当局者が合意に達するまでには、さらに調整が必要だと思われた。

残る時間は四時間？

長かった現地対策本部の一日が終わった。

日付が変わって四月二日深夜二時。

福岡で老人や婦人、子供を降ろしたから機内には比較的健康な人たちが残ったのだろうと思っていたが、「発狂者」や狭心症の発作を起こす人がでた。かたや犯人たちは朝六時までに離陸させないと自爆するといっている。かれらが言葉どおり実行するなら、残る時間は四時間しかない……。事件は重大な局面を迎えていた。私は焦りと不安に襲われたが、本社への報告は事実だけを淡々と説明しようと心に決め、対策本部に電話をかけた。

「島田です。こちらでの状況を報告します。

犯人は四時間後の六時に出発させない場合は自爆するといっており、強硬です。これにたいして韓国側の方針は、人質を解放すればピョンヤンに行かせる、絶対に金浦で全乗客を降ろさせるというものです。今夜おこなわれた協議で、わがほうは、場合によっては乗客を乗せたまま北に行かせるのもやむをえないという態度に傾いてきています。そのために、日本赤十字社が北朝鮮赤十字社に安全を保証するよう打診中です。

それから、食料と飲み物を機内に入れました。乗客が食事をしたことは確認ずみです。機内で起きた乗客の発狂者の氏名、症状は不明です。東大の吉利教授が心臓発作を起こされたので薬を機内に差し入れました。以上です。

本日はこれにて終了します。おやすみなさい」

「まだ報告することはないですか。斎藤専務が電話口にでますから待ってください」

「おい、島田君。まだこちらのNHKではいろいろニュースで流しとるが、そちらではもっとわかっているだろう。なにかないか」

斎藤専務の大声が聞こえてきた。

「もうありません。だいいち機内の犯人も寝ていますので、これで本日のホットラインは終了します」

「こら待て。こら、島田君、おい、おい……」

机の上に置いた受話器から斎藤専務の声がガナリたてていたが、やがて止んだ。こちらは一人で応対しているのだし、前の晩はほとんど眠っていなかった。私はそのまま椅子に寄りかかり、仮眠に入った。

北朝鮮赤十字の返電の中身

四月二日の未明、三時二十分、日本赤十字社外務部のテレックスがパタパタと音をたて、北朝鮮赤十字からのメッセージが送られてきた。

一、航空の安全は保証する。
一、乗員の処遇は人道的にし、「速やかに」(soon) 返還する。
一、機体は返還する。

という内容であり、犯人と乗客をいつどのような方法で返還するかについては、とくに触れていなかった。

北朝鮮赤十字としては異例といえるぐらいの早さで返電してきたので、日本側の要請を好意的に受け入れているものとして日本の関係者は安心した。

午前十時には、保利官房長官、小池同副長官、牛場外務、堀運輸各事務次官、島田防衛庁官房長、川島警察庁警備局長が集まって緊急会議を開き、北朝鮮赤十字から送られたこのメッセージを詳細に検討した。会議では、乗客の取り扱いについて触れていないこと、そして「返還する」という語の前にある〝SOON〟という言葉が「速やかに」なのか「ただちに」なのかの解釈に焦点がしぼられたが、結局、北朝鮮側の真意はわからぬまま散会した。

乗客を受け入れた場合の北朝鮮側の意図は、その後の「よど号」の犯人たちにたいする処遇をみても、あるいは韓国政府の北朝鮮政府にたいする見方――大韓航空機がハイジャックされたときの乗客の一部がいまだ返還されていないことによる――からしても、日本で考えられているような甘いものではなかったことは、のちほど「北朝鮮の態度急変」で明らかとなる。

「よど号」移動の意味

四月二日の夜が明けた。これでハイジャック事件が発生してからの世界最長時間になった。午前四時五分に丁国防部長官、五時に金山大使、五時三十分に橋本大臣が空港にやって来て対策会議が開かれ、乗客は金浦で降ろすという基本方針が再確認された。

あれほど強硬に「自爆する」といっていた赤軍派からはなんの呼びかけもないまま午前六時が過ぎた。私は五時半ごろから交信モニターを始め、室内にかけてあった時計の針を息を殺して見つめていた。そして六時を過ぎてもなにごとも起こらなかったとき、私は思わず息を吐いた。身内に安堵感が湧きあがってきた。

午前六時二十分。犯人側との交信が始まった。

丁長官――乗客を降ろしなさい。そうすれば午前中に北朝鮮へ出発できるようにする。

犯人――われわれの決心は変わらない。ピョンヤンだと騙されたからもう信用しない。約束の六時は過ぎた。早く離陸させないと爆破する。われわれの決定は絶対実行する。七時までに返事しろ。

金山大使――今朝も協議したが、君たちが乗客を降ろせば、すぐにでもだします。すでにソ連と国際赤十字を通じて、諸君が無事北朝鮮に到着できるよう依頼し、北朝鮮から安全保証の確約を受けています。この最後のチャンスを逃さず、乗客を一刻も早く降ろしてください。確実に北朝鮮へ行かせますから。

犯人――いくらくり返しても同じことだ。われわれは自爆の時刻を決めるから、それまでに離陸させなさい。われわれの期限は午前中とする。

以後、進展なし。

午前七時五十分。コントロール・タワーから小田切本部長が「飛行機をタキシー・

ウェイまで牽引して、いつでも離陸できるようにするから、君たちも乗客を降ろしなさい」と犯人らに呼びかけると、「飛行機を移動させるのは結構だ」との答えが返ってきた。

午前九時、「よど号」は、トーイング・トラクターで五百メートル先まで牽引された。長期間にわたって車輪を固定して留めおくとタイヤがゆるむし、いつまでも滑走路上にいると他の飛行機の発着に支障を来すおそれがある。移動はそれらを避けるための措置であると日航現地対策本部は犯人側に説明した。もうひとつは、金山大使の約束を犯人たちに認めさせるという効果を期待してのものでもあった。この移動によって、出発する場合のエンジン・チェック、整備作業、給油は一時間もあればできる態勢となった。

「死を賭す」は言葉だけ

四月二日午前七時。「よど号」の乗客はほとんどが目を覚ましていた。前夜、金山大使と交信したあとリーダーが「明朝六時にピョンヤンへ出発させろと断固要求したので、あるいは六時に出発できるかもしれない」と演説していたので、淡い期待はあったものの、もともとアテにしていたわけではない。それよりも、「乗客の皆さんのご協力を仰ぎたいというふうに思っています」といったかれらの甘えた変節ぶりにあきれるばかりだったと、立川氏は手記に書いている。

乗客の生命を脅し、自由を奪っておきながら、自分たちに敵対する手強い相手にたいして、ともに協力して当たってくれとは、どんなところからそのような発想がでてくるのか、身勝手もはなはだしいかぎりだ。

午前八時に朝食。日本から運んできた和食で塩鮭、鶏の唐揚げ、筍、香のものに白米の折詰めだった。

午前九時に機体が動きだした。

「われわれは、このようなバカげた、気狂いじみた行為を決意せざるをえない以上、乗客の代表者と一緒になって、政府などにたいして交渉するつもりはありません。

われわれは、われわれだけの手で、たとえ何十日かかろうと、この事態を解決したいというふうに思います。したがって、皆さんはわれわれに協力してほしいと思います。われわれは何日でも耐え抜きます。日限を切って交渉をするなどの考えはもっていません。生を期し、死を賭して、自爆を避け、われわれの目的地である北朝鮮入りを果たします。と同時に、皆さん方も帰れるようにしたいというふうに考えます」

ようやく赤軍派の本音がでてきた。「生を期し」「死を賭して」といいながら「自爆を避けて」とはいったいどういうことなのか。「この連中の頭のなかは配線が狂い、切れてしまっている」と立川氏は思ったという。

朴大統領の不退転の決意

四月二日午前九時。政府対策本部からの情報で、韓国大統領官邸で丁国務総理が主催して韓国側の首脳会議が開かれたことを、われわれ現地対策本部も知った。これには朴大統領のほか外務、内務、国防、交通の関係閣僚が出席したと伝えられ、韓国政府として最高の意思決定会議であると思われた。その結論は以下のものだった。

一、持久戦に入れば犯人たちは手をあげる公算が強く、韓国政府としては、これまでの立場を堅持し、乗客を降ろさないかぎり長期抑留して、じっくり説得をつづける。

二、事件解決後は、国際慣例にしたがって外交ルートを通じて処理する。

朴大統領はこれを支持し、韓国政府は不退転の決意で臨むよう強い調子で指示したという。韓国政府当局がなぜここまで金浦解決に固執するのか、日本側にはその理由がわからなかった。

日本政府部内には、韓国政府の了解を得たうえで、犯人の要求どおり乗客を乗せたままでのピョンヤン行きを認めるべきであるとの意見が依然として根強かったが、「よど号」が韓国領内にあるあいだの方針変更は韓国政府の了解がなければできず、保利官房長官は二日昼の記者会見で「韓国内に同機があるという事実から、あくまで韓国政府の合意のもとで、対策を考えなければならない」と語った。

第6章　世論

殺気立った記者会見

四月二日午前十時三十分、金浦空港ターミナルの貴賓室で橋本運輸大臣の記者会見が開かれた。出席者はほかに山村次官、金山大使、それに日韓をはじめ各国の記者七、八十名であった。記者会見の時間は日本政府の申し入れにより、あらかじめ四十分と決められていた。私はこの会見をその場で傍聴した。

橋本大臣は顔をゆがめ、開口一番「迷惑をおかけして」といった。大臣は初めから低姿勢の受け身そのもので、言葉にならないことをぶつぶついうだけだった。一方、記者たちは終始鋭い口調で詰めより、質疑応答の場というより、あたかも検察官対被告（橋本大臣）といった雰囲気であった。

冒頭、両国記者団の代表がそれぞれ質問した。

韓国人記者――ひとにぎりの暴走者の犯行を、国際的な外交・政治問題にまで発展させたことは、どうしたことか。

日本人記者——説得以外になんら解決策を講じられないとは、ひどすぎないか。日本政府のハラはどうなのだ。

韓国人記者——あなたは「人道的見地にたって一刻も早く」としきりにくり返すが、では「人道的」とか「一刻も早く」の裏づけの策はなんだ?

橋本大臣——策といわれても、とくに……。

日本人記者——投薬と食料の差し入れだけで客の心身の健康がどれだけ保証できるのか。

橋本大臣——…………。

日本人記者——山村さん、あなたは犯人たちがOKすれば人質の身代わりになってもよいといってるそうだが……。

山村次官——犯人たちがOKであれば喜んで。

橋本大臣——いや、それは私が決める。

さらに各記者による質問がなされたが、日本政府に具体的な対策があるようにはみえず、外国の特派員も失望の色を濃くしたようだ。

韓国記者団は、事件が自国の政治問題にまでなったのに、橋本大臣の口からはなんら具体的な打開策がでてこないまま記者会見が打ち切られようとしていることに苛立ちをあらわにした。かれらは目を血走らせ、その怒りは日本人記者団に向けられ、激しく罵声をあびせかけた。アシスタントの金君の説明によると、「勝手なことというな」「ここは韓国だ、記者会見もわれわれが主導権をとるべきだ」といっていたらしい。記者会見場は険悪な空気に包まれた。

しかし韓国人記者たちが怒るのも無理はなかった。日韓記者の代表は事前に話し合い、橋本大臣の談話のあとで日本人記者と韓国人記者がそれぞれ二十分ずつ質問をすることが取り決められていた。そのことが冒頭に発表されていたにもかかわらず、日本人記者が大半の時間をとり、韓国人記者の質問時間はほんのわずかとなってしまったのだ。これについて途中、二、三度、韓国人記者が注意したが、日本人記者はこれを無視して質問をつづけたのだから、無礼といわれてもしかたがなかった。

「小細工をせずに目的地へ向かわせよ」

四月一日から羽田―ソウルの日航定期便が運航を再開し、半日遅れの日本の新聞が読めるようになって、私は日本の世論がその後どう動いているのか知ることができた。それによれば、ジャーナリズムはおおむね「よど号」が金浦に降りたことに批判的だった。たとえば、四月一日付『読売新聞』夕刊のコラム「よみうり寸評」はつぎのように述べている。

航空機が一旦乗っ取られたら、スカイジャッカーの言うままにオトナシク目的地に飛んで行くほかない。赤軍派の学生たちに乗っ取られた日航機が韓国の金浦空港に降りたことは、事態を悪くした。結果的には、細工をしないで、あのまま平壌へ直行させたほうがよかったかもしれない。これまで百数十回にのぼる外国のスカイジャックの記録では、乗客も機体も、ごくまれな例外を除いて無傷で返されている。まさかと思っていた乗っ取りが初めて日本に起きたせいか、当局も対策がわからず、ただもう北朝鮮へ飛ばせたくない一心で八方手をつくした観がある。当局が韓国に着陸させた術策が、かえって乗客の安全を危うくする事態を招いた。多数の人命が人質として犯人の手の中にあるからには、ジタバタしても始まらない。一に乗客の生命、二に乗客の生命、三に乗客の生命である。機体や犯人の逮捕やその他のことは、枝葉に過ぎない。

北朝鮮赤十字から「よど号」を受け入れることが伝えられたのち、四月二日付の「よみうり寸評」はこう書いている。

結果論だが、乗っ取られた日航機に対する政府の措置は失敗だった。韓国に降ろしたこと、北朝鮮に向かわせる判断が遅れたこと、結局、二日以上もムダに百余人の乗客を苦しめた。北朝鮮政府が、飛行の安全と乗客の人道的処遇を保証し、同赤十字が乗客・乗員をすぐ渡すと言う以上、日航機を平壌へ向かわせない理由は大部分なくなったのに、政府は説得に未練をもった。

スカイジャックの最長記録は四十五時間だが、この記録を超えた。密室に監禁された状態で、人間の耐えられる限度は三十時間から四十時間だという。乗客の吉利東大教授は狭心症で倒れ、別の乗客は恐怖と疲労で発狂状態となった。病人の釈放を拒否した犯人の非情さも救いがない。

政府の本音は、北朝鮮に向かわせたくないことで、人命尊重は建て前に過ぎなかったのではないか。尊重する人命は抽象的で、現実に両手をしばられてアブラ汗を流している血肉をもった人間の一人一人を実感として受けとめていない。そうでなければ、極限に近い乗客や家族の苦痛、不安をよそに、ヘタに決断を遅らせるはずがない。

愚かな過激派がいる限り、空の追いはぎは、また起こる。その場合、乗客の命のために、小細工せず目的地に向かわせることが事件の教訓である。

医師のコメントと世論形成

四月二日の新聞紙上には乗客の健康状態を憂慮する医師たちのコメントが載った。いずれも長時間にわたる拘禁と緊張状態のため、精神、身体ともに危険な状態に陥っているはずだと警告しているが、これら医学関係者のコメントが「犯人の要求を受け入れ、早くピョンヤンへ行かせて乗客を解放させるべきだ」という国内世論を強く後押しすることになった。その要旨はつぎのとおりであった。

〈東京教育大学名誉教授・杉靖三郎医博の話〉

監禁、脅迫さらに飢え。このような状況下におかれた普通の人間が耐えうる限度は、三十―四十時間といわれている。こんどの場合、すでにこの許容限度を超えていることは明らかで、発狂者がでても不思議ではない。医学的にみると、人間は三、四日食べなくても、生命を保つことは可能だが、精神的な圧迫、緊張にはきわめてもろい。冬山遭難者は、まず精神的にやられ、〝発狂状態〟となり、それが死につながるケースの多いことが報告されている。医学的にみて、精神的なダメージは死の前兆でもあり、対策を急がねばならない。

〈九州大学医学部・池田数好教授の話〉

機内の監禁はすでに六十時間を超えた。よごれた空気、狭い機内、孤立感、いつどんな危険が襲うかもしれないという恐怖――これらのストレスがかみ合って、乗客の精神と肉体はいまも刻一刻、きりさいなまれている。もう一刻も猶予できない。

とくに心配されるのは潜在的に持病のある人で、たとえ「生命は保証する」といわれても、たかぶりが限界に達する恐れもあり、健康な人でも猶予できないのではないか。こういう状態では、空腹であっても正常な食欲はないだろう。もう医師による適切な看護が必要になっているのではないか。

〈東京大学医学部・田中信男助教授の話〉

一部の乗客は意識もかすんできたのではないか。三日間も着たままの乗客は汗でよごれ、そのうえ排泄の処理も十分ではないだろうから、機内は大変な悪臭が漂っているだろう。また乗客は正常な睡眠がとれず、夢うつつの状態で夜を過ごしてきただろうし、飲料水が不十分なため脱水症状を起した者もいるはずだ。一部の乗客は意識もはっきりしなくなっているのではないか。とにかく大変な拷問だ。いま解放されたとしても、半分ぐらいの人は立てないだろう。回復するまではかなりの時間が必要だ。精神的、肉体的な限界はすでにとおり越えている。

人道主義は万能か

国民は事件をどう見ていたのか。「町の声」として、四月二日の『読売新聞』はつぎのように報じている。

日航機の乗っ取りは、ついに世界史上前例のない長時間となった。国民の怒りはつのるばかりで、新聞社には「いったい当局は何をしているのか」という声がいっぱいだ。

結果論ではあるが、「国外に出したのは甘かったのではないか」というのが圧倒的、福岡でもう一日長く引き延ばしをはかるべきだったということだ。金浦に着いてからは、日本側は手も足も出せないで乗客が長時間カンヅメ状態を続けていることへの不満は大きい。一読者は「もし犯人が乗客を降ろしたあとの措置について、政府のやり方に信頼が置けなかったら橋本運輸大臣が乗っていったらよい」といっている。

また、犯人が割り出されて、明らかになったのだから、犯人の母親を現場に連れて行って説得させたら、という提案もあった。

品川区の経営者は「人命尊重といいながら政治的な思惑が先走ってこんな状態になったのではないか。ほんとうに乗客・乗員の救出が第一と思うなら北朝鮮へすんなり行かせた方がよい」と、もどかしがっている。

一方、各飛行場のカウンターでも、事件がいっこうに進展しないことにいらだった乗客が「日航、政府ともに何をしているのか」「いつまで乗客を人質にしているのか」と日航社員につめよる場面もあった。

また、識者はつぎのような意見を述べていた。

〈斎藤孝学習院大教授（国際政治）談〉

犯人たちとしては、人質があるから強い態度をとっているが、よほどはっきりした北朝鮮行きの見通しがなければ、政府の要求には応じないだろう。そうなれば現在の拘禁状態を一刻も早く解くために北朝鮮行きに踏み切らざるを得ないだろう。乗客と乗員はおそらく船などを使って送り返してくれると思うが、飛行機は返ってこないかもしれない。赤軍派の扱いは見当もつかない。それにしても政府の対応は消極的にすぎないか。人命尊重を考えるなら、北朝鮮としこりができるなどという考え方は捨てて、もっと積極的にあくまで人道主義の立場でやるべきだ。

〈経塚作太郎中央大教授（国際法）談〉

政府がいまなお微妙な立場をとっているのは、やはり、正式な国交がない北朝鮮に対する配慮からだろう。現状では、相手国の善意だけにたよっているわけで、政治的な保証はない。だから政府としては、赤十字を通じ（すなわち人道主義で）、十分な保証を得たうえで出す以外にない。韓国に降りたことで、韓国と北朝鮮の政治関係が介在して問題をいっそう複雑にしてしまっている。

私は金君が毎朝、韓国の新聞やラジオ、テレビの論調をブリーフィングしてくれるのを聞いていた。日本の世論がなによりも人命を尊重し早く解決すべきであるというものだったのにたいして、韓国世論は乗客の安全を確保するためには金浦で解決すべきだというもので、韓国政府の姿勢と一致していた。「生命」はなによりも大事であり、守られなければならないのは当然であるが、生命と同じく乗員・乗客の「処遇」も保証されなければならない。当時の日朝関係からみて、はたしてきちんとそれが保証されたのか、いまも私は疑問を抱きつづけている。

もうひとつ私が当時、日本の新聞を読みながら現場との乖離《かいり》を強く感じたのは、「人道主義」という言葉であった。

人道主義という甘美な、人間愛にみちた言葉は私も好きである。中学二年生のときに初めてこの言葉を知って座右の銘にし、学校の机に彫ったのが先生に見つかって、ひどく叱られたことがあるくらいだ。だが、このときソウルにいた私は「日本の先生方は『人道主義』という言葉がことのほか好きなようだ。『人道主義』という免罪符さえあれば世界のどんな国、どんな政府にも通用し、こちらの思うとおりにことが運ぶものと妄想し、そこで思考が停止してしまうらしい」と、こうした識者の意見を読むたびに思った。蓋《けだ》し「人道主義」とは、それを行使できる自分の側にして意味があるので、相手に押しつけるセリフではないはずだ。

第7章　転換点

北朝鮮の手口を熟知していた白長官

四月二日午前十一時四十分のことだった。日航現地対策本部に韓国の白善燁交通部長官がぶらりとあらわれた。

白氏は当時五十歳。だが、私にはどうしても四十代前半としか見えなかった。つややかに輝く顔の、ハンサムな貴公子然とした人物で、しかも日本語がみごとで完璧だった。

「白です。皆さん、ご苦労さまです」

「やあ、お世話になっております」

小田切本部長が応じた。白氏とはすでに日韓協議の場で会っており知己の間柄であった。

「JALの方にも韓国の方針をご説明しておきたいと思ってやって来ました」

「わざわざ来ていただいて有難うございます」

「ちょうどお昼がきましたので、食事をしながらお話ししましょう。食堂へ行きませんか」

「そうですね、じゃ食事にしましょう。島田君、キミも来いよ」

私たちは、白長官の案内で一階の一般食堂へ入った。食堂は物見高いソウル市民であふれていた。私たちはボーイがしつらえてくれた片隅のテーブルに坐った。

「今日は麦飯の日ですよ。カレーライスでも食べませんか」

白長官はいった。日本でいえば運輸大臣にあたる人がぶらりとやって来て、大衆食堂で麦飯のカレーライスを食べましょうと提案することに驚いたが、私はその飾らない人柄、内に秘めた芯の強さ、そして爽やかなものごしに魅かれた。

当時、食糧事情がよくなかった韓国では、朴大統領の発案で、週一回、木曜日は麦飯の日と決め、全国民が麦飯を食べていた。白長官の提案に私たちは、

「おいしそうですね。じゃあ、カレーライスをいただきましょう」

といい、黙々とそれを食べた。二日にわたり、私はゆっくり食事をする時間もなかったので、ことのほかうまかった。

「白長官、日本航空としても初めてのハイジャックで打つ手がわからず、韓国にゆだねてしまっており、韓国政府の皆さんに大変ご迷惑をおかけして申し訳なく思っております」

私はいった。

「いやいや、日本航空だって大変ですね。思いもよらない事件に巻き込まれて、さぞお困りでしょう。われわれも朴大統領が陣頭指揮しており、官邸では徹夜で頑張っております。この事件は韓国にとっても重大な事件で、やり方を誤ったら韓国にはかりしれない影響をもたらします。われわれも、なんとか乗客の生命を守り、解決する方法を模索しておるところです」

「私は昨日早朝に金浦に来てから無線を傍受しております。犯人とタワーとのやりとりもだいたい聞いております。犯人が時刻を区切って自爆すると脅しておりますが、そこが本当かどうか心配しているのです。早くなんとかしないと、万一のことが起きると困りますので」

私がさらにいうと、白長官はつぎのような話をはじめた。

「たしかに犯人たちは強硬で、なかなか妥協してきませんね。しかし、ここはなんとか頑張らなければならない正念場だと思います。私の判断では、犯人も弱気になってきたと思います。どんなに強がりをいっても、かれらは逃れる方法がないのです。私は希望をもっております。日本の皆さんは、人命が大切だから早くピョンヤンへ行かせて、ピョンヤンで解決しろといっているようですが、それは間違っております。ピョンヤンへ行ったら、また大変な事態になりますよ。

日本の皆さんは北朝鮮の体制がどんなに恐ろしいかをご存知ないのです。なにがなんでもピョンヤンへもっていけ、といっておりますが、北朝鮮はふつうの国じゃないんだということを知ってもらいたいのです。韓国政府が悩んでいるのは、そういうことを痛いほど知っているからなのです。もし北へお客を一緒に行かせたら、必ず犠牲者がでます。まず、お客の何人かは帰って来られないでしょう」

「それはどういう意味ですか」

「日本の皆さんもご存知だと思いますが、昨年十二月、大韓航空のYS－11がハイジャックされ、北の元山《ウォンサン》に着陸させられました。われわれはすぐに帰ると期待していたのですが、いまだに乗客・乗員十一名が北に拘留されたままになっているのです。北にとって役に立たない一般旅客は帰されましたが、著名な知識人や高度な技術を身につけている人は残されているのです。そして、われわれの情報では、北の政府から支給された高級住宅に住んで、たしかなことはわかりませんが、嫁さんも与えられているという話です」

「ほう、ずいぶん変わったことをしているんですね。なんでまた、そんなことするんですかね」

「北が住みやすい豊かな国だと南に向かって宣伝するのに使っているのです。毎日のように、北からの宣伝放送が流れてきておりますが、そのなかに、かれらの声が入っているんですよ。南に対する工作をやらせているのです。

また、こういうことも聞いております。乗客のなかに骨っぽいジャーナリストがいたのですが、彼が『北朝鮮には自由がなく、言論も統制されている』とみんなの前で演説したそうです。すると役人がそのジャーナリストをどこかへ引っぱっていき、行方不明となってしまいました。一般旅客が帰ってからのち、そのジャーナリストが南に帰されたのですが、彼は廃人のようになっていて、奥さんのことも兄弟のこともわからない状態でした。拷問のあと薬物で廃人にされたのでしょうね」

白長官の話に、小田切本部長と私は顔を見合わせて驚くばかりであった。

「ところで『よど号』にはお医者さんが乗っておられますね」

「そうです。九州の学会に出席するために、お医者さんや医学部の教授が乗っておられます。東京をでる前に乗客名簿で調べましたが、東大や聖路加病院の有名な先生など数名の医学関係の方がおられます」

「もし、北へ行ったら、その先生方はまず拘禁されるでしょうね。若い人のなかにも拘留される人がでてくるでしょう」

「なぜなんでしょうか」

「北はあなた方が思っているほど甘い国ではありません。私が軍隊にいたときも、巧妙に北から送り込まれた工作員にずいぶん苦しめられました。かれらは韓国を狙って、いまもオルグを送り込んでおりますが、日本だって狙われておるんですよ。若い者は工作員に仕立てて、日本に送り込むんですよ。

朴大統領も政府当局も、一人として乗客を犠牲にしてはいけない。大韓航空の前例があるのに北へ送ることは絶対にしてはいけない、という考えです。この点をあなたたち日航の方にも理解してほしいんです。犯人たちはいろいろ提案めいたことをいいだしています。もう一息ですよ。強がりをいっておりますが、それは苦しいからいっているのです。

日本では『人の命は地球より重い』と呑気なことをいっているようですが、北に行ったために一人でも犠牲者がでたら誰が責任をとるのですか。韓国だって責任を免れません。韓国政府は必ずここで解決してみせます。人道的解決というのは一人も犠牲者をださないことです。犠牲とは生命をなくすことだけでなく、拘留されて日本へ帰れなくなったり、自由を失うこともまた犠牲というものです。そうなってはならないというのが、われわれの方針です」

思い返してみれば、今朝になって犯人側の口調が軟化しており、丁寧な言葉すらでるようになった。刻限をきって爆破するぞと脅かしてはいるものの、どこかうつろな響きを伴ってきたようでもあった。

「よくわかりました。そこまで考えての韓国の方針ならしかたないですね。どうぞよろしくお願いします」

と小田切本部長がいった。

白長官の指摘した内容を確かめるために私はもう一度乗客名簿を調べた。正確にいうと、医療関係者と思われる人は十人、二十代の若い乗客は十八人乗っていた。

「小田切さん、韓国の見方はえらい厳しいですねぇ。私は大韓航空のハイジャックはすっかり忘れていましたよ」

「じつは俺もここへ来るまで知らなかったよ。北朝鮮のやり方はひどいねぇ。たしかにあの国はふつうじゃないものね。なにをするかわからんよ」

「小田切さん、ここにきて日本政府と韓国の方針には大幅なギャップができてきたんじゃないですか」

「たしかに日本は、早く解決するために北へもっていかせよという世論もあって、早期解決論だな。韓国はじっくり構える方針というところだな」

「小田切さん、一時半からの日韓合同対策会議がありますね。そこがヤマ場じゃないですか。どうもそこで方針が決まるような気がしますね」

「うん、俺もそういう気がしてきた。大事な場だね。キミも一緒にでてくれ。なにかあったら頼むよ」

小田切本部長と私はそんな会話をかわしたのだが、白長官の話を聞くうちに、韓国政府の決意は不退転であることが私にははっきりと伝わってきた。朴大統領がみずから陣頭指揮をとり、なんとしてもソウルで事件を解決するという固い決意の底には韓国内の政治的な問題があることにも気づいた。昼食にでる前、私は金君から「韓国の野党各派は、韓国政府が人道的な立場のみにこだわって軽率に乗っ取り犯たちの要求を受け入れることは望ましいとはいえない、という声明をだしました」と聞いていた。朴大統領には、ひとつ対応を間違えば命とりになる後門の狼がいるということである。

かたや日本政府の本音は、犯人とともに乗客を北に送りだし、国際赤十字を通じ、人道主義に訴えて解決をはかりたいということだ。昼食後に開かれる日韓対策会議は、いかにして事件を解決するか、帰趨《きすう》を決する重大な場になりそうだった。

「極左の連中は自爆しません」

四月二日午後一時半から開かれた日韓会議の出席者は以下のとおりで、日航からは小田切本部長と私が出席した。

日本側＝橋本運輸大臣、山村政務次官、金山大使、塚本防衛庁参事官、警察庁警備局後藤参事官ほか数名。

韓国側＝丁国防部長官、朴内務部長官、白交通部長官ほか数名。

会議室はターミナルビルの二階にあってランプ〔駐機作業場〕側に面していた。目の前のスポットには航空機が駐機しており、見渡すかぎりでは金浦空港は平常運航に戻っていた。「よど号」事件はどこかに埋没したかのようにのどかな風景で、どの機も春の日の午後のうららかな陽光を翼に受け、陽炎が燃え立っていた。大韓航空機にまじって一機、日航の定期便が駐機していた。

コの字型に配列された机の中央には橋本大臣が坐り、その左に山村次官、金山大使の順に左翼へと日本側の出席者が並んだ。同じく韓国側は中央に丁長官が坐り、その右に朴長官、白長官の順で、右翼には各部局の責任者が着席した。日本側の代表はいずれも沈痛な面持ちでうつむき加減だったが、韓国側は口許を引きしめ、真正面を向いて毅然としていたのが強く印象に残っている。

橋本大臣が口火を切った。

「それでは私のほうから申しあげます。このたびの『よど号』機の乗っ取り事件につきましては、福岡で解決すべきところを、韓国にもち込んでしまったことについては、あらためて日本政府を代表してお詫び申しあげます。

また、韓国政府におかれましては、朴大統領閣下はじめ、関係閣僚、要路の方々に大変ご迷惑をおかけしているにもかかわらず、事件発生以来、多大なるご協力、ご支援をいただいております。ここに深甚なる謝意を申しあげたいと思います。

事件は犯人の強硬なる態度によりまして、膠着状態になっております。乗客の皆さんは、すでに五十五時間ものあいだ、苛酷な状態におかれ、生命の危険にすらさらされております。犯人はご承知のように、要求が受け入れられないならば乗客もろとも自爆するといっております。なんといっても過激派暴力集団ですのできわめて危険であります。

日本政府としましては、佐藤総理も韓国政府のご協力を得て、早期に事件を解決するよう特に希望しております。

なんと申しましても乗客の安全が第一で、これ以上長引かせることは、得策でないと判断され、佐藤総理からも朴大統領に十分意をつくして、その旨申しあげ、なんとか早急なる打開の道をとっていただきたいと申しております。よろしくご討議願いたいと思っています」

丁国防部長官がつづいて発言した。

「日本政府の意向はすでに何度となく聞いております。われわれもその線に添って解決したいと思っております。乗客の安全が第一であることも韓国政府の方針とまったく同じです。朴大統領はただいまも官邸で頑張っておりますが、乗客の安全を第一にして事件を解決せよと指令しております。しかし、乗客の安全といっても、金浦空港で乗客を降ろせば百パーセント確保できますが、北朝鮮へ行ったら果たして安全が本当に確保されるのか疑問であります」

これを受けて橋本大臣がいった。

「日本政府としても、その点が心配なので、すでに国際赤十字を通じて北朝鮮に連絡をとっており、また佐藤総理はみずからソ連にたいして北朝鮮との仲介をお願いし、北朝鮮へ行った場合は、人道的見地から乗客・乗員等を速やかに返還するよう要請しております。また、北朝鮮赤十字社からも、安全を保証する旨返信を得ております」

朴内務部長官の発言がこれを追うようにしてなされた。

「北朝鮮のいうことをそのまま受けてはいけないと思います。大韓航空機のハイジャック事件はいまだに解決しておりません。北朝鮮は乗客を仕分けして扱います。『よど号』の乗客も同様に扱われて、一部の人はいつ帰れるかわからなくなると思います。韓国の国民はそれを知っております。もし、われわれが犯人の要求どおりにして乗客を北にもっていかれたら、韓国の国民感情が許しません。なにがなんでも、ここで乗客を一人残らず降ろしてしまわないと、われわれの権威が保てないのです」

山村次官がいった。

「それにしても、長時間にわたって拘束されている乗客の身になってみれば、一刻の猶予もないと思います。交信でご承知のように、犯人はつぎつぎと時刻を区切って脅迫しています。こんどは午後四時までに出発させなければ爆破するといっております。ここは早く要求に応じるべきだと思います」

これを受けて白交通部長官から、つぎの発言があった。

「犯人たちは、だいぶ疲れて弱ってきているはずです。われわれはそのように感じます。われわれも苦しいときですが、かれらはもっと苦しみ、焦っておるはずです。ここは我慢のしどころだと思います」

以下、日韓のやりとりである。

橋本大臣――犯人は自爆するといっているのです。百人もの乗客の生命が危ないのです。猶予なりません。

朴内務部長官――北朝鮮へ行っても、必ず犠牲者がでます。日本人の一部は残留させられます。その人たちのことを考える必要があります。

橋本大臣――それはやってみなければわかりません。現に北朝鮮は安全を保証してくれているのです。われわれとしては、佐藤総理の指示にしたがわなければなりません。なんとかわれわれの立場を理解していただきたいのです。日本の世論も、早く北へ飛ばして北で解決しろというのが圧倒的です。

山村次官――犯人は極左の暴力集団で爆弾をもっています。自爆されたら大変です。

山村次官の危惧にたいする韓国側の答えはなかった。いずれも口を固く結んで正面を凝視するか、あるいは天井を仰いでいるだけだった。

自爆するだろうから早く北へ出発させよという日本側と、北へ行ったら安全は確保できず金浦で解決するしかないという韓国側の主張はまったく相容れないものとなった。その根本には北朝鮮にたいする認識のちがいがあり、議論を重ねて双方が歩み寄るといった解決法は考えられなかった。しばし沈黙の時が流れたのち警察庁の後藤参事官がやおら立ち上がり、ゆっくりと話しはじめた。出席者の視線が参事官に集中した。

「警察庁の後藤と申します。本来、私はオブザーバーであり、議論に加わる立場ではありません。犯人が捕まって日本領空に入ったときに逮捕し、護送するのが私の任務です」

私は後藤参事官と羽田の待合室で名刺を交換して簡単な挨拶を交わしていた。ソウルに来てからは二度ほど日本政府対策本部で話したことがあった。赤軍派について漠然とした印象しかもっていなかった私は、かれらの活動の内容や、なにを目的にしているのかと質問したが、後藤氏は寡黙にして多くを語らなかった。姿勢正しく上背のある後藤参事官はじつに頼り甲斐のある人物に思われた。その人がなにをいうつもりなのか、私は耳をそばだてた。

「犯人が自爆することについて私の見解を申し述べさせてください。日本の極左の連中はみな臆病者です。他人の命はなんとも思っておりませんが、自分の命が一番大事な連中です。自爆するというのは単なる脅しにすぎません。絶対に自分の命を投げうつようなことはできません。これが右翼だったら話はべつです。日本の右翼は本当に命を捨てることがあります。右翼がいうのであれば、皆さんがおっしゃるように要求を呑まなければならないでしょう。赤軍派のいう『自爆』などを前提に判断を誤らないでください。それだけを申しあげたかったのです」

ずいぶん思い切ったことをいうものだと私は感心して聞いた。万一、赤軍派が本当に自爆したら責任のとりようはない。後藤参事官は極左の行動に関する分析にはよほどの自信をもっているにちがいなかった。

小田切本部長がすかさず立ち上がっていった。

「私もただいまの後藤さんのご意見に賛成です。ここは焦らず、もう少し我慢して韓国の方針におまかせしたほうがよいと思います」

白長官が大きくうなずくのが見えた。小田切さんはじつにタイミングよく、しかも、きっぱりといったものだと私は感心した。

日韓対策会議は、乗客を金浦で降ろすよう犯人に説得をつづけることにして散会となった。後藤参事官の発言で、事件解決の帰趨は決した。

後藤義信参事官は昭和十九（一九四四）年、内務省に入省。戦後、警察庁に移り、おもに公安畑を歩んだ。怜悧《れいり》にして重厚な人柄で部下の信望を集めたという。だが、「よど号」事件の三年後、昭和四十八（一九七三）年二月、惜しくも泉下《せんか》に旅立たれた。

第8章　救出

「これは最後通告である」

日韓対策会議の方針を胸に現地対策本部へ戻った私は、こんご犯人との交信がどう展開していくのかと考えながら自席に坐って本社に報告した。本社の反応は、犯人が主張する自爆を危惧して、話は「乗客の生命の安全」という一点に集中した。しかし、そのことについて、私はあまり心配しなくなっていた。私の興味はむしろコントロール・タワーからの呼びかけの第一声にあった。日本側が発するのか韓国側か、どのような呼びかけをするのか。私はじっとモニターの受信機を見つめた。

四月二日午後二時二十分、タワーから犯人たちへの交信が始まった。丁国防部長官の声が聞こえた。

丁長官――赤軍派諸君に告げる！

君たちは違法行為をしておるのである。善良な乗客を不法に拘束し、人質としてピヨンヤンへ行かせろと要求しておるが、韓国政府は絶対に認めない。なんどでもいうが、ここは韓国である。君たちは韓国の法律によって扱われるものだ。君たちは不法侵入者である。韓国政府は許すことはできない。

ただちに乗客を降ろしなさい。そうすれば、君たちが飛び立つことを認める。

われわれは、乗客をひとりでも北朝鮮へ行かせることは認めない。北朝鮮へ行けば人間以下の扱いしかされないことは明白だ。われわれは、それを容認することはしない。

これは最後通告である。いうことを聞かなければ、われわれもとるべき手段を用意している。ただちに乗客全員を降ろしなさい。

以上厳命する！

犯人——私たちの立場も考えてください。私たちは北朝鮮へ行くことが目的です。そのためこの飛行機をハイジャックしたのです。私たちが北へ行く確実な方法さえ見出すことができ、明確な確信を得られさえすれば、それでいいのです。

丁長官——君たちが乗客を降ろしさえすれば、ここを離陸させる。君たちがどこへ行こうと勝手だ。乗客を全員降ろさなければ、われわれは絶対に離陸させない。これは朴大統領の最終決断である。いかなる理由によろうとも、この方針は変えない。これを受けるか否か、考えて返答せよ。

また、こんごは食事も水もエアコンも供給しないことにする。私がだした提案を君たちが受諾しないかぎり、こんご私との交信は打ち切る。私はソウル市内に帰る。

江崎副操縦士――乗務員の立場として、飛行機を乗っ取られるということは耐えられないことですが、現実にこのような事態が発生しています。だから、このまま離陸させてくれるか、交信を打ち切るという長官の態度を再考し、大使か、その他の日本の代表を呼んで連絡の道をつないでほしい。

韓国当局の態度は完全に説得から命令に変わった。一方、犯人たちは怖じ気づいてきたのか言葉づかいが丁寧になり、哀願調ともいえる低姿勢になってきた。

勝負あり。私はこのときそう確信した。安堵の思いがこみあげてきて、身体が軽くなった。後藤参事官が指摘したとおり、赤軍派は他人の生命は鴻毛《こうもう》のごとく軽んじるが、おのれの命は「地球よりも重く」大切にするということだった。

山村次官、身代わりを申し出る

午後五時十分。再び交信が始まり、山村次官が犯人らに呼びかけた。

山村次官――私が山村です。

人質となりピョンヤン行きを語る山村政務次官。左は金山駐韓大使

犯人——わかりました。
山村次官——私が飛行機に乗って話し合おうじゃありませんか。どうですか。
犯人——どんな資格でですか。
山村次官——政府から一任されております。乗客を降ろしてくれませんか。搭乗員と飛行機があればいいでしょう。
犯人——アハハハ……そんなハイジャックがありますか。来ないでください。
山村次官——そんなことといっとると、君たちがどうにもならなくなるよ。とにかく話し合うことが大切なんだから、話し合いましょう。どうですか。
犯人——話し合うのは結構ですが、こちらには来ないでください。
山村次官——私が人質の身代わりになることはどうですか。

犯人――考えられますね。
山村次官――じゃあ、私が乗り込むから、乗客を降ろしてくれるんですね。
犯人――本当なら受け入れます。
山村次官――そちらに行ってよければ、いますぐに行きますよ。
犯人――いまは困ります。われわれは、あなたの声を聞いただけで、山村政務次官かどうか識別できません。なにか確認する方法をとってください。
山村次官――それでは二、三十分待ってください。

政府と犯人側はともに内部の協議に入り、十分ほどが経過した。

犯人――あなたが山村政務次官かどうか、日本にいる阿部代議士〔阿部助哉。新潟二区選出。（旧）社会党〕を呼んで同行され、阿部さんに確認してもらってください。
山村次官――阿部代議士のことはよくわかった。少々待ってください。それでは国際電話で阿部さんに連絡するから。それには一、二時間かかります。それまでに君たちと話がしたい。君たちも手順について考えてください。

赤軍派リーダーの田宮高麿は新潟県出身で、阿部代議士の顔を知っていたことがのちにわかった。

リーダー、名前を明かす

金浦での交渉が最終局面を迎えていることは機内の乗客にも伝えられた。

午後二時二十分。赤軍派の動きが慌しくなり、さかんにタワーと交信しているようだったが、やがてリーダーの演説が始まった。

「ただいま韓国政府の国防長官と話しました。テイ（丁）とかいってました。ここは韓国の土地であり、君たちはいわば侵入者である。当然捕まえられるべきだが、早く乗客を降ろしてくれれば、どこでも好きなところへ行かせてやる。こういいました。

われわれも韓国の立場はよくわかります。しかし、来たくて来たのではない。まあ、いわば技術的問題として、欺瞞的に来たのであって、この点をはっきりしておきたい、といいました。

ところが長官は、もしいうことを聞かなければ、最後の手段があると、まあ内容まではわかりませんが、最後通告のように恫喝《どうかつ》してきました。長官は、宿敵である北朝鮮のことをよく知っている。人間以下の取り扱いしかしてくれないことを承知のうえで、乗客を北鮮にやるわけにはいかない、といいました。金山大使のほうは、その後なんともいってきません」

乗客は、相変らずな赤軍派の演説にもはや反応を示さなくなっていた。ただ絶望に近い気持ちが次第ににじみでて、「どうにでもなれ」という、なげやりな気持ちに襲われた。立川氏の手記によれば、いっこうに打開の道がひらけない日韓政府当局の無策ぶりにいらだち、怒りさえおぼえてきたという。

スチュワーデスの神木さんは、「乗客同士で会話することもなく、午後のダルな空気が機内を包んでいました」と当時を思い出して語った。

午後三時三十分。犯人から放送があった。

「韓国側の最後通告がまたいわれました。乗客を降ろさぬかぎり、いっさい要求を聞かないとのことです。こんごは空気も水も食物も与えないといっておりますので、覚悟してください。われわれの決意は変わらないのだから。こんご、もし病人がでても、かれらが望むように降ろすわけにはいきませんので」

春の陽射しが西に移って、しだいに弱くなってきた。長い一日がやがて夜のとばりを降ろそうとしていた。なんでこの飛行機に乗ったのか。なんで自分がこんな酷《ひど》い目にあわなければならないのだろうか。乗客はみなわが身の運命を呪ったはずだ。トイレの臭気が強くなり、機内を支配した。

午後六時三十分。犯人の放送が突然始まった。少しはずんだ声だった。

「山村次官が同乗して身代わりになるという交換条件で、皆さんがたは福岡か羽田に帰れることになりました。しかし、われわれは山村次官に面識がありませんので、社会党の阿部先生に来ていただいて確認したうえで決定したいと思います。朝日、毎日、読売の三大新聞については、案の定、差し入れてもらえなかったので、日本のマスコミがわれわれのことをどうとりあげているのかわかりませんが、たぶん諸々のデマゴギーを書いてあると思います。皆さんが終始冷静に協力してくださったおかげで、われわれも北朝鮮へ行けることになりました。深く感謝の意を表明いたしたいと思います。

われわれは北朝鮮に行ってのち、一部はベトナムへ、一部はキューバへ行って、資本主義ブルジョアジーと徹底的にたたかい、再度日本海を渡って日本へ上陸してプロレタリアート革命をなし遂げるつもりです」

食事が運び込まれたので演説は中断された。日航製ランチ・ボックスだった。スチュワーデスは相変らず愛想よく、爽やかにサービスをしていた。睡眠不足に加え、顔も洗えないまま、室温四十度になるにごった空気の機内で六十時間も働きづめでいる女性とは思えなかった。さすがだ、と乗客は感心した。

「ケーキ、バナナ、リンゴ、ミカン、つぎつぎと配られるデザートに久しぶりで生気が蘇った」と立川氏は手記に記している。

犯人の演説が再び始まった。

「皆さんにつけ加えて申しあげます。明朝六時から降りる方法について交渉を始めます。皆さんはいまから身の回り品の荷物を整理しておいてください。阿部先生が到着ししだい山村さんに乗ってもらいます。

われわれは再度、お客さんがたへお礼の言葉を申しあげたいと思います。事態が完全に解決する見通しがつきましたので、最後の夜のパーティーをしたいと思います。

こうなるまで、日本のラジオの電波は入らないといっていた機関士の相原さんが、急に八時半のニュースを入れてくれました。このニュースでも阿部代議士が、今夜中に板付から自衛隊機でここに来るといっております。

われわれの主張も放送しているようでした。急にラジオが入るようになったのは、本当に不思議だと思いますが〔コックピット・クルーの適切な措置すなわち〝日本のニュースを聞かせない〟ことへの皮肉をいうだけのゆとりがでてきたのか〕、われわれの主張が認められましたので、われわれの紹介をしておきたいと思います。

私はタミヤ・タカマロといいます。他の八人は今秋日本上陸のことを考えておりますので名前をいいたくありません。

われわれは、日本が嫌になったから北鮮に行くのではありません。われわれは日本を愛しており、誇りに思っております。それから金日成が好きだから北鮮を選んだのでもありません。われわれが目指すのは、われわれの理念にもとづいて世界党を結成すること、世界的規模の革命運動を展開し、今秋には日本へ帰って武装蜂起して本格的な武装闘争に入るためであります。

われわれが未熟なために史上稀な長時間のハイジャックをやりましたが、こうして九分九厘成功することができたのは、皆さんがたから逆に励まされたりした、ご協力のおかげだと、深く感謝の意を表明したいというふうに思います」

パラパラと乗客のあいだから拍手が起きた。

変調をきたした現地マネージャー

われわれ現地対策本部の面々に疲労の色が濃くにじんできた。私自身、二晩はベッドに横たわることもできず、椅子に寄りかかったままの仮眠で過ごした。深夜は機内とタワーとの交信が止まるが、早朝から夜遅くまでずっと交信につきあっていたから神経がまいりかけてきた。東京の対策本部とのホットラインの応答を一人でやっていたので席をはずすこともままならず、席を立つときはいちいち東京へ断わり、了解を得なければならなかった。アシスタントの金君はずっとそばで頑張ってくれていた。疲れているだろうに、彼はそれを感じさせなかった。私はその実直な人柄に改めて感心した。

四月二日午後、「よど号」のシップ・サイドと対策本部の往復を重ねていた大竹旅客マネージャーが変調をきたした。四月一日からは定期便が運航されるようになり、旅客運送の責任者として定期便の業務をこなしながら、「よど号」の連絡係として二晩も徹夜で走りまわって機内の動向を報告していたことに加えて、戒厳令下の飛行場内警備の異常さに神経をすり減らしたせいだろう。

戒厳令下の金浦空港に敷いている韓国政府の統制の厳しさは、すでに到着したとき金山大使公邸でおこなわれたブリーフィングで注意されていた。実際、空港に入ってみると迷彩服に身を固め、鉄兜をかぶった兵隊が銃をかまえてあちこちに配備されていた。それは日本人の目には異様に映った。

現地の日本人スタッフからは、理由もわからないまま、いつKCIAからお呼びがかかるかしれないので、言動にはよほど気をつけなさいといわれた。日本人や在日韓国人が消えるようにしていなくなることもあるし、電話も盗聴されている可能性があるという。

そんな日ごろの雰囲気に加えて「よど号」事件で極度に緊張し、さらに過労が重なったのだろうと想像された。私のところに報告にやって来た大竹マネージャーは声が上ずり、なにをいおうとしているのかわからず、いっていることも支離滅裂だった。

「ジョ、ジョ、ジョウキャクガ……」

「大竹さん、乗客がどうしたんですか」

問い返しても、あとの言葉がでてこない。口をパクパクさせるだけで、目がつりあがっていた。

「これはあかん、いかれたな」と私は思った。誰か東京から応援が来てくれないと、いざというときに対処できそうにないと判断した。私はすぐに東京に電話を入れた。

「現地対策本部ですが、旅客マネージャーの大竹さんが疲労のため変調をきたしました。至急東京から応援を送ってください。お願いします」

「了解しました。その点についてはすでに応援要員を人選しております。今夜のレスキュー機〔救援機〕『飛驒号』で旅客運送課の沢田博光《さわだひろみつ》君ほか二名をそちらに送ります。医師や看護婦さんも送りますので」

「了解しました」

沢田君は私より五年後輩の昭和三十六（一九六一）年入社で、旅客運送の現場を経験したベテランだった。冷静な判断力の持ち主で、頼り甲斐のある人物だ。レスキュー機は深夜二時に着くそうだ。あとは彼に委せればよい。沢田君なら大丈夫だ。電話をかけ終えた私は安堵した。

アメリカ人神父とソウルの「友人たち」

四月二日の午後二時半ごろのことだった。金君が対策本部に入ってきて、いった。

「島田さん、人質の交代になりたいといってアメリカ人が来ております。どうしましょうか」

「なんですか。人質の交代？　それはまたどういうことですか」

「アメリカ人が下のカウンターに来て、『よど号』のなかにいる友人のアメリカ人旅客ミスター・マクドナルドと自分が代わって乗って、北朝鮮へ行ってもいいといっております。三日間も狭い機内にいるのでミスター・マクドナルドは大変疲れているだろうから代わってやりたいのだそうです」

「それはダメですよ。赤軍派が受け入れないでしょう。そのアメリカ人に断わってください」

「わかりました。そうします」

なんと友情に厚いアメリカ人がいるものだと、私は金君の報告を聞いて感心した。ただちにマクドナルドという乗客がいるかどうか乗客名簿を見ると、たしかにアメリカ人のダニエル・マクドナルドなる人物が乗っていた。職業は神父となっていた。

午後三時二十分、金君が「またアメリカ人から人質の交代を申し出てきました。こんどはべつのアメリカ人です」といってきた。

「誰と交代しようというのですか」

「乗客は同じミスター・マクドナルドです。ソウルに住んでいる友人の神父さんだといっています。ミスター・マクドナルドは心臓が悪いので心配だから、どうしても自分が代わりに乗り込みたいといっております」

「べつの友人ですか。ミスター・マクドナルドは心臓に疾患があっても大丈夫です。機内には日本の有名な内科の医者が乗っておりますし、薬もたくさん積み込んでありますす。心配しないでくださいと、その人に伝えてください」

二人もの友人がソウルにいて、身代わりを申し出るとは不思議な縁があるものだと私は再び感心した。

午後四時、金君がやって来た。

「島田さん、またミスター・マクドナルドの身代わりが来ました。これで三人目で、べつの友人です。ぜひ交代させてくれと強硬にいっております」

「金君、それは無理だといったでしょう。いまはそんな状況でないことは君も知っとるでしょう。とにかく断わってください」

不思議というより、これはおかしい。しかも身代わりになりたい相手が神父である。これは単なる友情の問題ではなく、明らかに裏があると私にはピンとくるものがあった。その思いは翌日になって確信に変わった。

政治家は国のために働くのが使命

四月二日午後六時、私が離席したあいだになんらかの進展があったようだった。交渉に動きがでてきたのか、タワーの交信の声がはずんでいた。山村次官の声がしきりに「私が、私が」と呼びかけている。身代わりになって乗客を降ろすことが決まったらしい。ひとまず乗客は解放される動きになったようだが、まだはっきりしない。ともかく東京の対策本部へ知らせなければならない。私はホットラインの受話器をとった。

「島田です。機内に動きがでてきたようです。人質が代わって、乗客が降りる雰囲気です。山村次官が乗り込むような感じですが、確実な情報が入ったらまた連絡します」

「わかりました。こちらにも解決のメドがついたという未確認情報が入っております。詳細がわかりしだい、ご連絡ください」

「いずれにしても夜になりましたので北朝鮮へ向けては飛び立てませんから、すべては明朝になると思います」

「了解」

疲れは吹き飛んだ。旅客は全員無事降りられそうだ。すべては明日だ。明朝からが最後の勝負だ。乗客全員を送り出したら万歳だ。今夜はゆっくり眠れそうだ。私はひとり充実した気分にひたった。

午後八時三十分、私はターミナルビルの貴賓室に向かった。本日の対策協議はすべて終わったのか、山村次官ただ一人がそこにいた。次官は蒼ざめた顔でうつむき、深い思いに沈んでいる様子だった。山村次官はこのとき三十六歳。

次官とはすでに顔見知りになっていた私は声をかけた。

「山村次官、交信で知ったのですが、身代わりになられるようですね」

「そうだよ。これしか方法がなかったからね。あんたもお疲れでしょう」

「それよりも次官、これからが大変な仕事ですね。日本はおろか世界中があなたに注目しておりますし、なによりも北へ行かれるのは不測のことだらけで心配ですね」

「そうだよ、僕にもわからん。どんなことが待ち受けておるのか。まあ、政治家になった以上、国のために働くのが使命だからね」

「それにしても離陸の手順など犯人との取り決めは終わっているのですか」

「いや、まだ決まっとらん。社会党の阿部さんが来て、僕の首実検をやってからの話し合いです。今日はなにもやることがありません」

「わかりました。大役、本当にご苦労さまです。日航社員としても心からお礼申しあげます。くれぐれも大事にしてください」

「ありがとう。あなたも最後まで頑張ってください。お互い昭和八年生まれですね、同年のよしみで、こんごとも仲よくしましょう」

「ありがとうございます。人生はまだまだこれからです。お互いにしっかりやりましょう」

こちらから慰労の言葉をかけるべき次官から、ねぎらいの言葉をもらって私は感動した。山村次官は苦渋に満ちた心情であったにちがいない。ふと見ると、次官の膝が小刻みに震えていた。明日の出発前にもう一度挨拶に伺わなければなるまいと思いつつ、私は部屋を辞した。

山村次官とはその後、昭和五十三（一九七八）年、成田空港が開港する直前、私が客室乗員部副部長として乗員部移転の責任者となり成田に駐在していたとき、久しぶりに再会した。

成田の騒音地域が山村さんの選挙地盤で、そこの後援者の娘さんがスチュワーデスになりたいというので力になってほしいというのが本音だったようだが、鴨鍋をつつきながら「よど号」事件をふり返り、いろいろと思い出話を交わして冬の夜を二人で過ごした。

千葉県佐原市出身の二代目代議士であった山村さんは、幼いころから弱い者いじめが大嫌いな性格だったという。自民党竹下派の自称「代貸」的存在であった。惜しむらくは平成四（一九九二）年四月、不慮の事故で若くして〔五十九歳〕鬼籍に入られた。

スウェーデン症候群

救出されることがほぼ確実になって機内の雰囲気は一変した。乗客のなかには、はしゃぐ人もいる一方で、万一明朝になって救出が頓挫してしまったらどうなるのかと不安に思う乗客もいたという。

絶望のどん底に光明を見出したときの喜びは大きい。その分、光明がかき消されたときの失望ははかり知れないほど大きいものだ。

話はそれるが、私は会田雄次《あいだゆうじ》氏の『アーロン収容所』を思い出す。そこにイギリス人の処刑のやり方について書いてあった。ビルマ戦線で捕虜になった日本軍の将校に極刑を宣告しておいて獄舎につなげ、あるときは希望を抱かせるような情報をわざと流し、捕虜を喜ばせ、つぎにそれを否定して絶望の淵に落とし、また希望を抱かせ、そのうえ絶望へとたたき込んでいって最後に処刑するといった残酷な方法だったということである。

救出の成否は山村次官の動向が鍵となってきたが、次官が乗り込めなかったら、われわれ乗客はどうなるのだろう。不安がまたしてもよぎったと立川氏はそのときの心境を手記に記している。

スチュワーデスの神木さんは、しだいに乗客のなかに解放感が広がっていった様子を回想して「あちこちで赤軍派学生との交歓が始まりました」と語っている。

リーダーの田宮高麿がマイクを握った。

「いよいよこれで皆さまともお別れです。お別れにあたって、ささやかなパーティーをしましょう。われわれは明日にも出発しますが、われわれは最後まで闘い抜いて頑張ります。ご迷惑をおかけしましたが、日本を愛するため、日本を変えたいがための行動と理解してください。そこで一発、詩吟をうたいます」

風蕭蕭《しょうしょう》として易水《えきすい》寒し　壮士一たび去って復《ま》た還《かえ》らず

中国の戦国時代、燕《えん》の太子《たいし》丹《たん》から、国を救うために秦王政〈のちの始皇帝〉の暗殺を頼まれた刺客荊軻《けいか》が、見送る太子丹らに残した歌である。荊軻は結局、目的を果たせず殺された。

あちこちから拍手があがった。乗客の松元利之氏が立ち上がった。

「向こうの親分がやったので、乗客を代表してというわけではありませんが、私が一曲やります。これだけたくさんの犠牲を強いたのだから、途中で挫折してもらっては困る。イデオロギーは十人十色だが、どこでもいいから貧しい人を一人でも二人でも幸せにしてくれ、といいたい」

松元氏はそういって、『北帰行』を歌った。

窓は　夜露にぬれて
都　すでに遠のく
北へ帰る　旅人ひとり
涙ながれて　やまず

なかなか上手な歌い方で、機内はしんとなった。赤軍派の連中はうなだれて聞いていたという。

乗客のひとりは「私の質問状」を披露した。

「一つ、北朝鮮行きが政治闘争にすり替わってはいないか。一つ、人間性について、われわれへの待遇に反省はないか。一つ、今回の事件は政策的に（赤軍派にとって）不利になる問題はないか」

赤軍派の返答はピントがずれていて論議にならず、うやむやに終わったそうである。かれらには当意即妙に答えるだけのフレキシビリティーはなかった。

さらに質問がつづいた。

「資金源と金額はいくらかかったか」

「五十万はかかった。シャツも靴もみな新調しましたので、資金源はいえませんが、日本へ帰って街頭でカンパに出会ったら、お願いします」

妙な仲間意識を抱くようになったのか、犯人はそんなことまでいった。

「赤軍派の諸君を騙して、ここで飛行機と乗客を救おうと、みみっちいことをした。これは、われわれ乗客としても政府へ抗議しなければならない。帰りの飛行機のなかで文書にして回すつもりです。こんどの件で商機を逸して何百万と損をしたり、あるいは儲けそこなった方も多いでしょう。日航や政府はそんなにたくさんではないにしても、たとえばひとりにつき五十万ぐらいをだしてほしい。君らの前では気がひけるが、闘争の専門家である君らに、日航と政府から補償金をとる方法を教えてもらいたいものだ」

犯人と人質の特殊な連帯感を「スウェーデン症候群」という。「よど号」機内でも同様の感情が芽生えていたのか、こうしたことをいう人もいたのだった。

すかさず、べつの乗客が立ち上がった。

「赤軍派の学生も使命感でやっているのだと思う。私にも医者としての社会的使命感があります。福岡で私の帰りを待ちわびている患者がいます。私ひとりが頼りだと思っているかもしれません。早く帰って診てやりたい。補償などという、そんな低次元のご意見には納得できません」

タラップ上の人質交換

四月三日、解放直前の機内。

ブラインドをつぎつぎに開けると、機内に白い光がパッと射し込んで寝不足の眼にまぶしかった。機外にはいつのまにか、ものものしい警備態勢が敷かれていた。迷彩服に身をかため、自動小銃を構えた兵士が包囲しているのが見えた。幌《ほろ》をつけた軍用トラックもあちこちに待機していた。

午前九時二十五分、マイクから流れる田宮の声が機内に響きわたった。

「いまから阿部先生との折衝に入ります。この時刻をもって再びわれわれの完全な支配下に入ってください。全員、ベルトをしてください。トイレには勝手に行かず、手をあげて許可を求めてからにしてください」

午前十時二十五分、再び田宮の声。

「ネックが二つあります。機長が疲れているから代えてくれといっています。しかし、三人のクルーとのあいだには、いくぶん心情が通じるものがあるし、新しく乗り込むパイロットには不安もあるので断わりました。第二点目は乗客を全部降ろしてから山村次官が乗って来るというが、それも断わりました。われわれの方法は乗客を半分降ろした時点で山村氏を乗せて、そのあと半分を降ろしてしまうというものであります」

時間をもどして、四月三日午前一時四十八分、阿部代議士を乗せた自衛隊の特別機が金浦に着いた。阿部代議士は早速、待ち受けていた山村次官、金山大使らと打ち合わせに入り、乗客を降ろすときの手順と山村次官が交代して搭乗するタイミングをいかに確実なものとするかが話し合われた。

午前九時四十五分、山村次官と社会党の阿部代議士の二人が「よど号」に赴き、山村次官の本人確認を終えると、ただちにコックピットの窓越しに山村次官と赤軍派との交渉が始まった。論点は二つに絞られていた。乗務員の交代と乗客を降ろす順序の問題である。

午前十一時十分に乗客の降機手順は妥結をみた。内容はつぎの三点で、その順にしたがっておこなわれることとなった。

一、飛行機を滑走路へ移す。

二、このあと機体整備と乗客の手荷物を降ろす作業を始める。

三、乗客第一陣五十人を降ろし、つぎに山村次官が乗り込む。そのあと残りの乗客を降ろすが、乗客の降機が終了するまで赤軍派を代表して一人が地上に降り、一時〝人質〟となる。

これらの措置をとるため、赤軍派は関係者七名までが機体に接近することを認め、そのうち二名は機内に入ってもいいことになった。

赤軍派側が乗客の釈放に同意した直後の午前十一時十分すぎから、韓国政府が差し向けた医師六人、看護婦九人がコックピットの窓から機内に入り、狭心症の発作を起こしていた吉利教授ら重症者のほか乗客全員の健康診断をおこなった。

だが、乗務員の交代について犯人側と日航・政府の主張は対立したままで犯人側は交代を拒否しつづけた。正午すぎにはタラップを降りてくるものと期待された乗客は姿をあらわさず、午前十一時四十分すぎから始めた荷物の積みおろし作業も途中で打ち切られた。

丁長官と日本側は石田機長の健康診断を要求したが、赤軍派側はこれも拒み、結局これ以上交渉が長引けば乗客の救出は遅れるばかりと判断した日本側は、午後一時二十分、犯人の主張を全面的に受け入れることにし、その旨回答した。ただちに再開された荷物の積みおろし作業は午後二時十五分に完了した。

午後二時十八分、シップ・サイドにいた山本所長から、山村次官が白旗をつけたジープに乗って「よど号」のタラップ横に到着したとの報告があった。これを受けて第一陣の乗客とスチュワーデスの計五十三人が滑走路に降り立った。二番目に和服姿の女性がしっかりした足どりで降り立ったのが印象的で、その女性が示した矜持について山本氏は、あたかも鶴が雪原に舞い降りたようだったと当時を回想して語った。

午後二時五十九分、一時的に地上に降りる赤軍派代表〔のちに田中義三と判明〕一人と日本政府代表山村次官との〝人質〟交換が始まった。赤軍派がタラップの上から一段降りると山村次官が下から一段登るという具合にして二人が近づき、タラップの中央で上と下に別れて機上と地上に立った。やがて残りの乗客がつぎつぎと降りてきた。

山本氏は私の取材に応えて、そのときの模様を「機内からは赤軍派の歌うインターナショナルが聞こえてきました。八十時間も拘留した乗客にたいする送別の歌とでも思っていたのでしょうか」と話してくれた。

同じく私が取材したチーフ・デューティの神木さんの話によると、このとき搭乗してきた山村次官は降りて行く乗客一人ひとりに「ご苦労さまでした」といって頭を下げ、スチュワーデスには「いろいろとご苦労だったね。これでよかったね」と、やさしく言葉をかけたそうだ。神木さんは「大変なことをお願いして、申し訳ございません」といって深々と頭を下げた。「山村次官の態度は本当に立派で感動しました」と神木さんは語った。

対策本部の指揮官となる

午後二時。日航対策本部。

「キミ、これからが本番だよ。しっかりやってくれ。頼むよ。なにかあったら俺にいってくれ」

私は小田切本部長から声をかけられた。

「よど号」の旅客を受け入れるためにスタッフは持ち場に散っていった。

「沢田君、よろしく頼むよ」

「おまかせください」

私の呼びかけに力強く答えた沢田君は「よど号」の乗客の案内と手荷物を処理するために対策本部をでていった。四月二日の夜に到着したレスキュー機「飛驒号」で着いた沢田君たちとは、その日の朝に打ち合わせをし、以下のことを決めていた。

一、乗客の誘導は、できればシップ・サイドからそのまま「飛驒号」へ案内する。
二、手荷物は、シップ・サイドでカウントし、他の荷物と混同しないよう〝「よど号」旅客〟用タグを新しくつけて、そのまま「飛驒号」に搭載する。「よど号」へ搭載したときのタグと新しくつけたタグを一緒にして、機内で旅客の手持ちのタグを照合し、福岡で降りる旅客用と羽田で降りる旅客用にタグを仕分けしておく。
三、病人がいたら、ターミナルビル内に控えている日航の産業医に診てもらい、入院の要・不要を判断してもらう。東京本社から医療班として医師二名、看護婦二名が「飛驒号」で派遣されていた。

四、松尾社長の挨拶は、「飛驒号」の機内でやってもらう。
五、食事は「飛驒号」の離陸後に提供する。
六、できるだけ報道陣を乗客に近づけず、早く出発できるよう配慮する。

午後二時三十分。

乗客の第一陣が降りだしたとの報告が入った。対策本部に陣取った私は気持ちのたかぶりを抑えた。さまざまな想念が頭をめぐった。機内でどんなことがあったのか。乗客の健康状態はどうだろう。韓国医師団の診断結果はどうだったのか。人質の交換は順調に進んでいるだろうか。旅客誘導は予定どおりスムーズに流れているか。手荷物は順調に「飛驒号」へ移されているだろうか。

その半時間前、乗客の降機が間近くなったときのことだった。産業医の山口音胤《やまぐちおとつぐ》先生が対策本部にやって来て、いった。

「島田さん、担架の用意をしなければなりませんよ。乗客は歩行できなくなっているでしょうから」

「担架を用意しろといわれても、いまからでは間に合いませんよ。いったい何台いるのですか。どうして必要なんですか」

「人間は座席に座ったままで二日間以上も膝を曲げていると、膝が固まって伸びなくなるから、ほとんどの乗客は歩けなくなっているはずです」

「先生、機内ではトイレにも行かなければならんのですから、大丈夫ですよ。心配いらないいんじゃないですか。もしそんな人がいたら抱えて降りるようにしますから」

担架は用意しなかったものの、私はやはり心配であった。新聞に載っていた「乗客は歩けないだろう」という医学関係者のコメントが頭をよぎった。

あらゆる情報が私のもとに集中しはじめた。無線ではなく、担当者が直接駆け込んできて口頭で報告をするのだ。対策本部は蜂の巣をつついたように騒がしくなった。レスキュー機への乗り移りの問題だけでなく、「よど号」の離陸が何時になるのか、情報を得て東京の本部へ伝えなければならなかった。

午後三時三十分。

人質交換のセレモニーが終わったとの報告を受けた。乗客九十九人全員が足どりもしっかりとタラップを降りてきたと聞いて私はホッとした。

旅客、航務、整備セクション、手荷物係からつぎつぎと報告が入ってきた。これらがすべて対策本部からの指示を待っているのである。小田切本部長はいつのまにかいなくなっていた。「飛騨号」で金浦に来た松尾社長への報告で多忙だろうから仕方がない。対策本部の指揮官はいつのまにか私ひとりになっていた。

第9章　消えた乗客

乗客の数が合わない！

〝人質〟の交代によって乗客が救出されるという前代未聞の解決方法は韓国のラジオ、テレビのニュースでくり返し流された。金浦空港ターミナルにはソウル市民がどっと押しかけ、加えて内外の記者が殺到したため、ごった返した。

これでは乗客の誘導もままならなかった。結局ターミナル・ロビーにひとまず案内し、わずかのレスト（休憩）をとってから「飛驒号」に搭乗してもらうことになった。

東京本社対策本部からは「何時に出発するのか」との問い合わせが一分おきにホットラインの向こうから聞こえてきた。マスコミからも出発時刻の問い合わせがしきりだった。レスキュー機「飛驒号」の整備完了の報告が入り、ディスパッチャー（運航管理者）から、いつでも出発オーケーですとの報告があった。

残るは旅客サービスからの連絡待ちとなった。なにをもたもたしているのかと、じりじりしながら報告を待っていると、沢田君が飛び込んできていった。

「大変です！　お客が一人消されました。どうしても数が当たらない（合わない）のです。どうしますか」

「なに？　お客が消された？　そりゃあ大変だぞ！　飛行機はだせない。沢田君、なにがなんでもそのお客を探しだして、連れて帰らなきゃ、だめだぞ」

戒厳令が敷かれている空港で、しかも大勢の兵士が取り囲んでいるなか、乗客がどこかに行ってしまうなどということがあるのか。しかし戒厳令下の韓国ではなにが起こるかわからないと聞かされていた。これはどえらいことになったと血の気が引いた。

「その人はなんという名前なの？」

「アメリカ人でマクドナルドという人ですよ」

「なに？　マクドナルドだって。そうか、それなら放っとこう。ここに置いたまま飛行機はだそう」

「それはダメですよ！　お客を放っといて、帰るわけにはいきませんよ。島田さん、大丈夫ですか」

「かまわん、大丈夫だ。わしが責任をとる。飛行機は七時五分出発！」

前日、三回にわたりアメリカ人の身代わりの申し出を受けた相手の旅客が、マクドナルド氏であり、神父であることもわかっていた。

そもそも「よど号」は羽田から福岡に向かって飛んでいた「国内線機」であり、乗客も国内線旅客である。国際航空運送業者たる日本航空が、国内線旅客を勝手に国際線旅客に変更することは絶対にあってはならない。マクドナルド氏をソウルで降機させれば、結果として彼を東京―ソウル間の国際線旅客に変えたことになる。一般的に国際航空協定においては、当事国間の貨客の運送について、区間、便数、使用航空機、スケジュール等を政府間で取り決め、あらかじめ相手国の承認を得なければならないことになっている。したがって航空会社がこれに違反することは国と国との問題になるし、厳罪〔運航停止等〕に処せられてもしかたのない事態にたちいたることになる。また、搭乗客を残したまま飛び立つことは社内規則違反でもある。

これらのことを知悉しているから、沢田君は「大丈夫ですか」となんども私に念を押したのであり、私もそれは十分わかっていた。

しかし私はこう考えていた。水も漏らさぬ態勢で戒厳令を敷いている韓国当局が、ひとりといえども逃亡を許すはずはない。またマクドナルド氏が理由のいかんを問わず航空会社に無断で降りて韓国に入国できるはずもない。韓国当局もまた日航に無断で入国を認めることも考えられない。すなわちこれは、日航にも知らせたくない理由があって韓国側が一方的にとった措置であろうと私は推察したのである。

韓国政府の意図なくしては生じえない旅客の失踪であった。

それゆえ私は「大丈夫」と請け合ったのだが、日航側の落ち度で旅客が取り残されたのか、あるいは韓国に潜入したのか、また本当に消されてしまったのか、しかとはわからず、不安がつのったことも確かだ。これを表沙汰にすれば、マクドナルド氏を「飛驒号」に乗せなかった理由を韓国当局に聞かなければならないが、誰に問い合わせれば判明するのか見当がつかなかった。日本の関係者は人質になった乗客の一刻も早い帰国を待ち望んでいる。神父が降りた理由はあえて問い合わせずに、彼の希望で降りたのだと発表すればいい。それも離陸してからがいい。私はそう判断し、小田切本部長に報告した。

米韓協同のシナリオ

金浦空港の包囲網をくぐって外へ抜け出たマクドナルドとはいったい、なにものだったのか。なぜ韓国当局は日航に断わりもなく彼を入国させたのだろう。

ふり返ってみれば、福岡から飛び立った「よど号」が三八度線を越えてのち、西に向かっていったため、そこはまだ韓国領空であったのは事実である。その時点で韓国軍の戦闘機がスクランブルをかけて「よど号」を着陸させたのは、韓国側にいわせれば「国籍不明機が領空侵犯したとき、強制着陸させるのは主権国家として世界中どこでもやっている慣例」〔白交通部長官の見解〕であったことは理解できる。

しかし、「よど号」であるとの識別は機体に明示されており、主翼には大きく日の丸の国旗がしるされている。飛行目的についてはニュースによって韓国政府も十分承知していることである。国籍不明機による領空侵犯には当たらないことははっきりしていた。国籍不明機であるとするなら、第一にとられるべき措置は領空外へ退出するように無線で注意をうながすことであり、それが国際慣例といわれている。「よど号」が国際遭難通信周波数一二一・五メガサイクルで呼びかけると、「一三四・一メガサイクルに変更せよ」と命じ、「こちらピョンヤン、こちらピョンヤン、着陸せよ」と応答したことは、まさに赤軍派のいうとおり〝欺瞞行為〟であった。

韓国としては「よど号」の乗客・乗員はあくまで不法入国者として取り扱う必要があり、韓国の法律にもとづき韓国の主導で事件を解決し、日本の容喙《ようかい》は許さないという事情がその裏にあったのだろうと私は推測する。それは当事国の日本政府ではない、べつの権力によって、韓国がそうせざるをえなかったからだろうと思われる。

その権力とは米国であったと推測される。

米国側は在日米軍を通じ、「よど号」が金浦空港に着陸せざるをえなかった原因として、「よど号」が北朝鮮領空に入るとミグ戦闘機の迎撃を受け、地上からは対空砲火を浴びた模様だったからだとのニセ情報を流している。日本の外務省は愚かにもこのニセ情報をわざわざ国民に発表した。レーダー網の発達した時代であり、自衛隊に聞けば事実かどうかはすぐにわかることで、日本の外務省の認識不足にあきれかえるが、それもこれも米国と韓国による一連のしくまれた行動といえよう。

「よど号」が福岡で五時間も留まっていたのは、米軍が滑走路をオープンしなかったことが決定的だった。その間に韓国側は受け入れ態勢をととのえることができたのである。金浦をピョンヤンに見せかけるための偽装工作の一環として、金浦にいた他の旅客機をすべて飛び立たせて自由圏の空港でないように見せかけ、韓国のマークがついている地上機材を全部塗りつぶし、チマチョゴリを着て花束をもった歓迎女性をわざわざ用意する手はずをととのえるためには五時間という時間が必要だったのだ。

アメリカはなぜ韓国に要請し、韓国はそれを受けたのか。それはアメリカ人が二人「よど号」に搭乗していたからである。もともとアメリカは自国民の生命と安全を守るためには全力をあげることを国是としている国である。のみならずアメリカにはマクドナルド神父を北朝鮮に手渡してはならない重大な理由があったのだ。マクドナルド氏はCIA〔アメリカ情報部〕の枢要なエージェントだったのだろう。せめてマクドナルド氏だけでも救出したいから、三度にわたって身代わりを申し入れてきたのだろう。しかも自然な行為とみせかけるため、日航を利用して交代させようとした。

「よど号」が金浦に着陸することを韓国の空港長は知らず、日航の山本所長も知らなかったのに、いきなりKCIA〔韓国情報部〕次長があらわれ、山本所長にシップ・サイドへ同行するよういったのは奇妙なことである。

韓国政府機関のなかでKCIAだけが事件発生以来「よど号」を追跡し、極秘裡に空軍と航空管制を指揮していたということだ。CIAとKCIAは密接な連携プレーのもとに「よど号」を金浦空港に着陸させたのである。

私はパリ時代にCIAの工作員について聞いていたが、工作員をもぐり込ませるときによく利用される職業のひとつに聖職者があるとのことだった。

「よど号」には偶然乗り合わせていたのであろうが、CIAのエージェントであるマクドナルド神父の存在がこの事件の展開を意外な方向にもっていったと推測される。「マクドナルド」というキーを当てれば、「よど号」事件の舞台裏をすべてかいま見ることができ、米韓共演のシナリオが浮き彫りにされてくるのである。

四月四日、土曜日。私は帰国に先だち、なぜマクドナルド神父が金浦でひそかに降りたのか、前日抱いた疑問と推測を確かめたくて、アシスタントの金君を呼びだし「韓国当局に事情を聞いてほしい」と頼んだ。金君の報告によると、出入国管理局、空軍関係者、空港警察など関係機関に当たったところでは誰もはっきりとした理由がわからず、不思議そうな顔をしていたとのことであった。金君はさらに〝常識的にはあり得ないことだが、かれらの反応から推して、極秘で処理されたらしい〟ということをつけ加えた。

私は、自分の推測は間違いないとさらに強く確信したが、しかしそれ以上追及する必要もあるまいと思った。私は金君に深く礼を述べて別れた。

第10章　ピョンヤン

有視界飛行を決定

前章で書いたマクドナルド神父の一件は、事件から三十年を経たいま、初めて明かすものである。事件以来つねに私の頭の隅にひっかかっており、いずれこのことを書き残しておきたいと思っていた。しかし当然のことながら、当時私の頭のなかを占めていたのは、ピョンヤンに向かう「よど号」の乗員三名と山村新治郎次官のその後の運命である。

四月三日午後五時、乗員・乗客解放からあっというまに時間がすぎた。とにかく「よど号」を一刻も早くピョンヤンへ発たせなくてはならない。

東京の本社対策本部では当日の朝、運輸省航空局にたいし、北朝鮮国内の航行援助施設、なかんずくピョンヤンの国際空港である順安《スンアン》飛行場の位置、その図面、航行援助施設、設備などについて問い合わせて回答を待っていたが、夕刻にいたるもついに返事は来なかった。本社対策本部はやむなく意を決して、有視界飛行でピョンヤンへ行き、なんとか順安空港を見つけて降りるよう現地に伝えてきた。運航本部長としては断腸の思いだったろう。

本社対策本部はなおも必死で社内資料を調べた。その結果、順安空港には二千メートル級の滑走路があり、誘導レーダーなど地上施設は自由圏の国際空港並みで着陸に支障なさそうだとわかった。ただし交信周波数、地上無線標識標などを配した航空路についてのデータが航空局から入手できなかったので、計器飛行〔飛行機に備えている計器により、地上からの誘導で飛行する航法〕は無理だとの判断を下し、これもまた現地対策本部に連絡してきた。

本社から連絡を受けた現地対策本部の運航班は、ソウル空港の航務セクション・マネージャーに問い合わせた。マネージャーの判断は、有視界飛行で飛んでいくのなら、遅くとも午後六時までに離陸しないとピョンヤンに七時までに着けない。七時をすぎると暗くて着陸できなくなるだろう。幸い晴天なので、六時までに金浦を離陸すればなんとかなりそうだ、というものだった。

五時半をすぎたが、「よど号」の出発時刻は確定しなかった。東京から飛行情報に関するデータが入ってこないなら、せめてピョンヤンまでの航路や上空の天候だけでも知りたいと思って、航務セクション・マネージャーは韓国当局に問い合わせた。しかし、南北のあいだでは気象情報すら交換されておらず、正確なことはわからなかった。かくて時間だけが刻一刻とすぎていった。

午後五時五十分、渡辺運航業務課長が、ついに有視界飛行で行ってもらうことを決断し、私のところに了解を求めてきた。私は小田切本部長の許可を得たのち渡辺課長にこれを報告し、渡辺課長はただちに「よど号」へ無線で連絡した。

「石田機長。まことに申し訳ありませんが、ウェザー・データ〔気象情報〕もオペレーショナル・データ〔運航情報〕も入手できません。有視界飛行でピョンヤンに行ってください。もう時間もなくなりましたので」

「やむをえない。了解した。なんとかやってみるよ。では六時に出発する」

「気をつけていってらっしゃい。グッド・ラック」

こうして午後六時五分、「よど号」はピョンヤンに向け、離陸した。

安全飛行のためには、ウェザー・データとオペレーショナル・データが必要不可欠な情報である。それらをもたずに「よど号」は飛び立っていったのだった。まさに道なき空の道を、どんな困難が待ち受けているかもしれない未知の世界、北朝鮮に向かって。頼るは、西の空に残る余光と石田機長が朝鮮半島を飛んだ戦時中のかすかな記憶だけだった。

いくら国交がない国だとはいえ、日本政府や運輸省に北朝鮮の首都の空港に関する情報がないとは、いったいどういうことだろう。自国の政務次官が人質となって搭乗している航空機が目と耳をふさがれたまま闇のなかに旅立つのを傍観しているような先進国があるのだろうか。私は「よど号」が離陸した瞬間を思い出すたび、暗然とする。

この日の朝、日本航空本社運航基準部ではピョンヤンまでの飛行コースについて検討していた。結論としては二案があった。

一つは、金浦から北西へまっすぐ休戦協定ラインを越えていくコースで、約百九十キロ、飛行時間は約二十分。

もう一つは、いったん西海岸から黄海にでて黄海を北上してからピョンヤンへ向け東進していく迂回コース。約四百二十キロで、飛行時間は約四十分。

いずれのコースをとるにしても、飛行計画は管制権をもっている韓国政府の事前承認を得なければならなかった。ところが、丁国防部長官は午前中におこなわれた記者会見で「『よど号』は乗客を降ろしたあと金浦空港を離陸し、真南か真東へ飛行させ、いったん領空外にだす。そこからどこへ飛んでいくかは、われわれの関知するところではない。しかし、われわれとしては直接南から北へ休戦協定ラインを越えていかせる考えはない」と語り、日航本社がだしたコース案は二案とも否認されたのだった。

韓国当局から飛行方向は東か南にとるよう指示された石田機長は、東に向かうことにした。金浦を離陸したのちまっすぐ東に飛んで、いったん日本海へでて北上する。

そして元山《ウォンサン》上空で西に飛び、北緯三九度線上あたりに沿って飛行していけばピョンヤンが見えてくるだろう。飛行距離は約七百六十キロ、一時間余りの飛行になるだろうと石田機長は判断した。

この東回りは、当初考えていた飛行コースよりはるかに長かった。日暮れが迫るなか、一時間を超える有視界飛行で、はたしてピョンヤンへ無事着陸できるものか確信はなかった。地図らしい地図をもたず、眼下に展開する地形を頼りに、速度計と外気の風速計で計測して飛んでいかなければならない。それは時間との闘いでもある。

金浦空港を離陸した「よど号」は東に進路をとり、日本海を目指して飛行した。

懐かしい僚機の応答

離陸前、江崎副操縦士はピョンヤンの天候をディスパッチャーに問い合わせていた。正確なことは不明だが、ピョンヤンの上空は快晴ではないらしいとの返答だった。

運航情報もなく地図もないまま金浦を飛び立つことになった江崎副操縦士は、できれば出発を翌日に延ばしたかった。石田機長から「おい行くぞ」と声をかけられたときは、ひょっとすると機長は戦争中の経験からピョンヤン周辺をよく知っていて、自信があるのだろうと思ったという。

「了解しました。行きましょう」

江崎副操縦士は、飛び立ってしばらくして石田機長にピョンヤン周辺の地形や街の特徴について尋ねた。ところが石田機長は陸軍飛行士時代にもピョンヤンには行ったことがなく、まったく知識をもっていないことを知り、愕然としたという。

私は金浦を離陸したときのいきさつや、その後の飛行について、さらに江崎氏に聞いてみた。

羽田を飛び立って四日間、いろいろと困難な目にあったが、機長がピョンヤンを知らないとわかったときは本当に絶望的でした。それでも金浦に引き返して翌日の出発にしなかったのは、韓国当局から念を押されていたことが二つあったからです。一つは韓国から直接国境線〔休戦協定ライン〕を越えて北に入らないこと。つまり必ず東または南の公海にでてからなら、北に入ることもふくめてどこに行こうと勝手だといわれていたのです。二つめは、一度離陸したら再び韓国内に着陸することは認めない、ということでした。したがって金浦にはもう着陸できませんでした。福岡へ降りることも考えたのですが、それは赤軍派が認めないだろうし、事件がべつの方向に行くおそれがあったので、あきらめました。

石田機長は帰国後、記者団の質問にたいして、この点についてつぎのように答えている。

「北朝鮮関係の地図、データなど全然もっていなかった。頼れるのはレーダーとか飛行機の速度計、風向き状態を知る計器だけだった。それらによって推測していくわけで、やれるかやれないかは半々の気持ちだった。ただ犯人が飛行機のなかにいた関係上、冒険だと思ったが敢行するより方法がなかった」

日本海の公海上にでた江崎副操縦士は、カンパニー・ラジオ〔同じ会社の航空機間でのみ通話ができる専用周波数〕で日本航空の僚機を呼んでみた。すると福岡発東京往き三七〇便の西留《にしどめ》久美《ひさみ》機長が応答してきた。懐かしい声に地獄で仏に会ったようだった。

「『よど号』の江崎です。ただいま日本海にでて、これから北上しピョンヤンへ行きます。帰ったら、われわれはピョンヤンに向かっていったことを皆さんにお伝えください。とにかく元気で行ってきます。皆さんにくれぐれもよろしく」

「了解しました。どうぞくれぐれも気をつけて行ってらっしゃい。無事帰還を祈っております。皆さんには私から伝えます。お身体に気をつけて。幸運を祈ります」

西留機長の言葉を聞いた江崎副操縦士の胸に熱いものがぐっとこみあげてきた。

この平和な時代に、行き慣れた福岡も大阪も手の届くところにありながら、未知の世界のピョンヤンへ行くしかない自分たちの運命が無情に思えてならなかった。

名も知らぬ小さな飛行場に降りる

「よど号」のコックピット・クルーのあいだでは、北朝鮮領空に入れば、おそらく北朝鮮空軍機がスクランブルをかけてくるだろうから、それに誘導されて目的地に行けるかもしれないという期待があった。

公海上三十マイル東にでると、海岸線が見えにくくなってきた。ピョンヤンはほぼ北緯三九度線上にある。飛行速度と時間で計測して三九度線を越えた時点で進路を西に変えると、元山らしい街が見えてきた。元山上空を通過し、「よど号」はまっすぐ西へ飛んでピョンヤンを目指した。「よど号」は緊急連絡用の「一二一・五キロメガサイクル」で北朝鮮の管制塔に呼びかけつづけた。しかし応答がないまま時間だけが過ぎていった。

一方、このとき羽田の日本航空本社運航本部には、航空自衛隊から内々にレーダー情報が送られており、運航本部関係者が集まってレーダー・サイトに見入っていた。

元日航常務、信濃《しなの》俊郎《としお》氏は私への手紙でこのときの様子をつぎのように書いている。

「よど号」が金浦を飛び立ったとき北朝鮮上空には戦闘機が多数飛んでおり、たぶん三八度線を越えたところでスクランブルしてピョンヤンに着陸させるだろう。だがまさか撃ち落とすことはないだろうといいながら、かたずをのんで見守っていました。

　ところが「よど号」が南から越境した時点ですべての戦闘機は着陸し、レーダー・サイトから消えてしまったのでオヤッと思っていたら、やがて「よど号」の機影もレーダーから消え、着陸地点は「ピョンヤン空港ではない」との話になって一同大変心配しました。

　戦中派の石田機長だから降りられたのだろうと後日、社内で語られたのを思い出します。

　ピョンヤンへ近づくと雲がかかっており、夕暮れが眼下の山襞《やまひだ》を暗くしていた。早くピョンヤンへ降りないと視界がきかなくなりそうだった。

「よど号」はぐんぐん高度を下げてゆき、江崎副操縦士はコックピットから目を皿のようにして地上を見ていた。このあたりでピョンヤンの街が見えてきそうだと期待しながら注意していると、川すじが目に入った。たぶん大同江《テドンガン》だろうと推測し、ピョンヤンは近いはずだと江崎副操縦士は思った。

　川沿いに進むと小さな飛行場があった。しかし、ピョンヤンらしい街は見えなかったので、順安飛行場ではないと判断し、さらに目をこらしていると、はるか彼方にわずかに街の灯が見えてきた。それがピョンヤンだった。低空飛行でひとめぐり市街上空を飛んだが飛行場は見つからなかった。相変らず地上からの交信はなかった。

早く降りないと可視飛行での着陸ができなくなる。石田機長は引き返して先ほどの小さな飛行場に着陸することに決め、機首を反転させた。大同江沿いに再び飛行場を求めて進むうちに、かすかに一筋の滑走路が見えてきた。機種は不明であるが数機の小型機が並んでいたので飛行場であることはわかった。

視界はほとんどゼロに近いほどに暗くなっていたが、安全のため滑走路の長さをはかり、障害物があるかどうかを確かめるため、一度飛行場の上をロー・パス〔超低空で滑走路の上を飛び、再び上昇する〕したのち急ぎ着陸した。リバース・エンジン〔飛行機を止めるためエンジンを逆噴射させる〕をいっぱいに噴かし、ブレーキもいっぱいにきかせて「よど号」はつんのめるようにして止まった。

石田、江崎、相原のコックピット・クルーは思わず目と目でうなずきあった。

機外はすでに闇の世界となって人影もなかった。のちにそこはピョンヤン郊外の美《ミ》林《リム》飛行場とわかった。午後七時十五分だった。

石田機長と江崎副操縦士は犯人たちと山村次官を機内に残し、後部タラップから降りて、静まりかえった飛行場の事務所をおとずれて「よど号」の来訪を告げた。

軍隊が来て、ものものしく「よど号」を包囲したのはそれから三、四十分後のことであった。

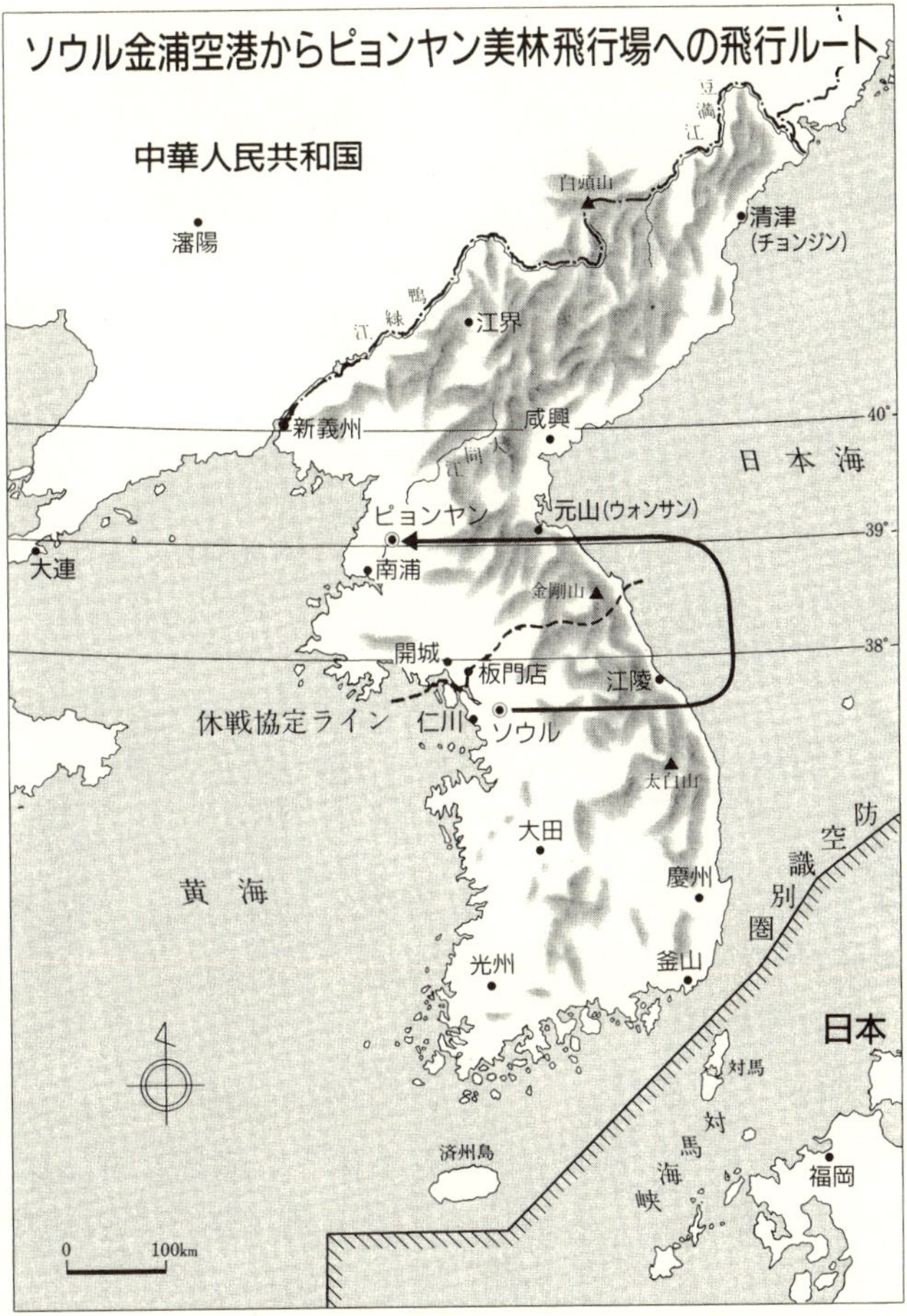
ソウル金浦空港からピョンヤン美林飛行場への飛行ルート
中華人民共和国
瀋陽
豆満江
白頭山
清津
(チョンジン)
鴨緑江
江界
新義州
咸興
大同江
日本海
40°
39°
38°
ピョンヤン
元山(ウォンサン)
大連
南浦
金剛山
開城
板門店
江陵
休戦協定ライン
仁川
ソウル
太白山
大田
防空識別圏
黄海
慶州
光州
釜山
日本
対馬
済州島
対馬海峡
福岡
0
100km

北朝鮮側の態度急変

「よど号」着陸ののち、四月三日午後八時の「平壌放送」は、事件について初めて北朝鮮側の見解を表明した。それはつぎのようなものだった。

旅客機強奪事件と関係しておこなっている、わが国に対する謀略的な策動をただちに打ち切るべきである。外電によれば、さる一日、ソウルの日本大使は学生に対する「説得作戦」で、学生たちに「北朝鮮は君たちが行くことを知っているのか」といいながら、なんらかの中傷の口実を探そうとした。

また二日、佐藤反動一味はその御用出版物を通じて「自分たちは飛行機を強奪した『不良』どもが日本を離れることに反対しないが、北朝鮮はかれらが来ることを歓迎している」といった。

われわれは、このたびの「旅客機強奪事件」と関係して根も葉もないことでわが国を中傷し、冒瀆《ぼうとく》する佐藤反動一味の反動的な策動を厳しく糾弾する。

この「旅客機強奪事件」についていうならば、朝鮮民主主義人民共和国は、それとなんの関係もないし、またありえない。

われわれは、その旅客機にどんな人が乗っているのか、その旅客機の「強奪者」という日本の青年がなぜ朝鮮民主主義人民共和国に入ってこようとしているのか、まったくわからない。われわれは、かれらをお客として扱いたいといったことはなく、また「歓迎する」といったことも、なおさらない。

もちろんわれわれは、このたびの「旅客機強奪事件」と関係した、われわれの立場を表明した〔四月一日に受け入れるといったこと〕ことがある。しかし、これは旅客機が入ってくることをわれわれが快く思ってのことではなく、軍事休戦委員会と朝鮮赤十字会中央委員会あてに、わが国に旅客機が入ってきた場合、その乗客にたいして人道主義的見地から、その安全を保証してくれるよう要請してきたので、これにたいして好意的な回答をしたにすぎない。

すでに発表された〔四月一日〕ように、われわれが旅客機と乗務員、旅客の身辺の安全を保証し、旅客機とその乗務員および乗客のすみやかな帰還に努力することを表明した。

これは飛行機のなかですでに数日間とどまっている乗客の苦衷をやわらげようとすることから出発したものであり、国際慣例と人道主義の原則に合致するもっとも正しい立場なのである。

このたびの「旅客機強奪事件」をわが国と結びつけようとする佐藤反動一味の悪辣《あくらつ》な策動から推してみて、この飛行機が共和国北半部〔北朝鮮〕に来ることをはばめない場合、かれらが新たな陰謀を企んで、責任をわれわれに転嫁するための犯罪的な策動をしないとは、だれが保証できよう。

またべつの筋として、朝鮮軍事休戦委員会の北朝鮮側秘書長は、四月三日夜、日本政府に代わって連合国軍側秘書長が送った通知文にたいし、以下の回答を返してきた。

軍事休戦委連合国軍側秘書長が日本政府に代わって、朝鮮民主主義人民共和国に入る飛行機の安全を保護し、飛行機が平壌に到着し次第、搭乗者とともに日本へ返してくれるように、との通知文を軍事休戦委のわが方秘書長に送ってきた。

わが方秘書長はこの回答で、こうした通知にたいしてわが方の意を表わすことはできないと述べ、状況が変わった条件のもとで連合国側秘書長の通知文で言及した内容を保証できない旨明らかにした。

この回答文でいわんとするところは、金浦において乗客を救出したため、それ以前と条件が変わったから日本政府の要請を受け入れないというわけである。すなわち乗客がいない「よど号」にたいしては安全を保証できないということになり、さらにいえば、北朝鮮は乗客がほしかったともとれる。

そして北朝鮮赤十字からは、日本赤十字社にたいして強硬な内容の返電が送られてきた。

朝鮮赤十字会中央委員会は次のとおり、日本赤十字に伝える。

一、貴社の四月三日付電報をただいま受け取った。貴社は、すでに四月一日付の電報を通じて旅客を乗せたボーイング七二七型旅客機が朝鮮民主主義人民共和国北半部領域内に入る場合、それを無事着陸できるようにし、旅客と乗務員の健康および身辺上の安全を保証し、かれらの日本へのすみやかな帰還を保証するよう必要な措置をとってくれるよう要請したし、われわれは人道主義的立場から、貴社の要請に肯定的な回答を与えた。

一、しかるに、いま通信報道によれば、金浦飛行場で乗客たちを全員降ろし、いわゆる飛行機の拉致者といわれる左翼系学生たちのみを乗せて、共和国北半部の領域に送り込んだといっており、一方日本の愛知外相は、この左翼系学生たちが共和国北半部の領域に入る場合、当然かれらの引き渡しを要求するようになるだろうといいながら、この問題を「外交問題のエサにしてはならない」と騒ぎたてた。

ここには、わが国に反対する米帝国主義者と日本軍国主義者と南朝鮮傀儡《かいらい》一味の、ある種の陰険な政治目的と企図が閉ざされていることが明白である。

一、周知のように日本当局はこのたびの飛行機事件を、日本の領域内である福岡空港で解決せず、南朝鮮の金浦飛行場で三、四日間抑留しておいて、話し合いをするといっておいてから、解決しないままこの飛行機を朝鮮民主主義人民共和国北半部領域内に送り込もうとしている。愛知外相がいったことに照らしてみれば、これは日本当局が自分たちのなすべきことをわれわれに押しつけ、われわれの手を借りて「犯罪者」を逮捕しようというものである。

このような陰険な企図は、まさに他人の力を借りて人を殺そうとする強盗さながらの手口である。

これはまた、われわれがあたかも「トロツキスト」や「犯罪者」を受け入れることを望んでいるかのような印象を作り出す策動である。

われわれは、日本当局のこのような凶悪な策動に絶対に陥らないであろうし、日本の警察の役割を演じもしないであろう。

われわれは、朝鮮民主主義人民共和国の威信を傷つけ、凶悪な政治的謀略に引きずり込もうとする日本軍国主義者の犯罪的策動を断固糾弾する。

こうした状態において、われわれは貴社の要請がどんな意味から提起されたものか、知ることができない。われわれの当該機関はこれにこれ以上関与することを望まないといっており、赤十字会になんの確答をも与えてくれないでいる。

朝鮮民主主義人民共和国赤十字会中央委員会

北朝鮮の態度が急変したことの真意はどこにあるのか、日本政府は外務省を中心に対策を協議した。政府部内では意見がわかれた。しかし大方の見方は、北朝鮮側の回答は「『よど号』に乗せて即時全員を送還してほしい」という、かねてからの要請にたいするものであり、少なくとも山村次官と乗員の安全はいかなる場合でも確保されるだろうというものだった。つまり「よど号」以外の手段で、次官と乗員が送還されるのではないかと見ていたのである。

愛知外相は、こんごとも人道的な立場からの措置を要請するという方針を再確認して、板門店《パンムンジョム》の軍事休戦委員会、赤十字、ソ連—北朝鮮ルートなどを通じて事態の打開工作を始めたが、見通しはきわめて悪いので憂慮しているとの見解を発表した。

一方、外務省の見解は一貫して楽観的だった。四月二日から三日にかけて朝鮮軍事休戦委員会、日赤—赤十字会のルートによる話し合いで、北朝鮮側が人道問題としてこれを取り扱うことを約束していたし、また「よど号」の出発直前にも再確認されていたので、ほとんど問題ないと判断していたのである。

「君たちには学習が必要である」

北朝鮮側の態度が変わったことなど知る由もない「よど号」の一行が、廃墟のような美林飛行場でさらに一時間ほど待っていると、当局の係官がやって来て「全員荷物をもって降りよ」と命じた。江崎副操縦士は、「機内にはかなりの武器があるが、どうするか」と英語で尋ねると、すべてもち込んだ者がもって降りるようにとのことだった。江崎副操縦士はこれを犯人らに伝えた。日本刀四、五本、白ザヤの短刀七、八本、自家製の爆弾らしきもの、およそ二十本、ピストル二丁。ほかに犯人たちはジャックナイフのようなものを腰にぶら下げていた。

午後九時ごろ、一行はバスでピョンヤン市の平壌ホテルに連れていかれ、午後十時すぎ、軍服姿の特高警察のような将校から日本語で尋問された。

「なんの目的で北朝鮮に入ってきたのか」

「入国したくはなかったが、やむをえなかったのだ。三人の乗員も同じだ」

山村次官が答えた。

取調官は犯人らにも同じ質問をした。リーダーの田宮高麿は「国際根拠地論」や赤軍派の革命論を滔々《とうとう》と述べた。取調官はしばらく聞いていたが、「もういい」といって田宮の話をさえぎり、「君たちには学習が必要である」と短くいって引き揚げていった。

犯人らの武器を確認する北朝鮮の警官

　三十分ほどの取調べが終わると、ホテル内で夕食会が開かれた。犯人も含めた「よど号」の一行と北朝鮮政府関係者が何人か出席した。山村次官はピョンヤンに着くまでの機内で、ある程度犯人らと打ち解けており、かれらと乾杯をしたりしてその場を盛り上げようとしていたが、いたって静かな宴会だった。もちろん北朝鮮側に歓迎の気持ちはなかったはずだ。

　翌四月四日、午前十時ごろから再び取調べがおこなわれた。このときは赤軍派のメンバーはおらず、山村次官とコックピット・クルーの三人が尋問された。主として山村次官と石田機長が、入国の目的や動機を聞かれたが、二人とも前夜と同じことを答えたと江崎氏は語った。

午後三時からホテルで記者会見が開かれた。やはり山村次官とコックピット・クルーの三人が出席した。

以下、記者会見での一問一答である。

記者——共和国北半部の許可なしに領空に入り着陸したことは、国際慣例から見て、どうか。
石田機長——違反している。
山村次官——法的処罰もやむをえないが、好んで来たのではない。状況を了承して処置していただければ幸いである。
記者——四日間も金浦空港に乗客をとどめ、不安と苦痛を与えたのは、人道主義と矛盾しないか。
山村次官——できるだけ早く機内からだそうと努力したが、赤軍派は了解してくれなかった。それで、自分の判断で人質になることを提案した。
記者——国交関係のない国に来るほど勇気ある山村氏は、なぜ朴《パク》一味を説得しなかったのか。
山村次官——日本国内のもめごとを他国にもち込んでいる。要求するにも限度がある点を了解してほしい。
記者——学生らと共和国側は関係のないことを認めるか。
山村次官——それは認める。金山駐韓大使もそのようにいっていたし、私が同乗した機内でも赤軍派は「ピョンヤンに降りたら、俺たちはどうなるんだろう」といっていた。かれらの独断的な事件と断定できる。

記者会見の途中、「朝鮮中央通信」の声明として「日航機と山村次官ならびに乗務員を日本に送り返す」ことが発表された。山村次官は一瞬目をうるませ、「ありがとうございました」といって頭を下げた。

江崎副操縦士と相原機関士は記者会見が始まってまもなく退席するようにいわれ、北朝鮮の将校から、「よど号」の整備ができるかと聞かれた。ほかに方法もないので「できる」と答えると、すぐに飛行場に連れていかれた。

午後六時、飛行場に着いた二人は、およそ一時間をかけて「よど号」の点検を終えた。飛行機に異常はなかったが、エンジンを回転させるためのエアー・スターターと外部電源がいると将校に伝えた。「よど号」に積んであったバッテリー〔電源〕は金浦空港で連日使用して、すっかりあがっていたので、外部電源が必要となっていたのだ。

「そういうものが揃えば、今夜九時に出発することができるか」

将校にそう聞かれた江崎副操縦士は「できる」と答えた。

機体を調べていた北朝鮮の航空技術者らしい人物がいった。

「どうしても電源の接続口のチャックが合わない」

二人はこの技術者と話し合い、機体のバッテリーのソケットをはずして、そこに電源を直結することにした。エアー・スターターのほうは代用品をつくるのに時間がかかるというので、二人はいったんホテルに戻った。

午後十一時すぎから「新しい朝鮮」という映画を二時間も見せられたが、疲れと睡眠不足が重なっていた二人には非常な苦痛だった。しかし一人に一人ずつ解説者が付いており、途中で眠ることもできない。ようやく就寝したのは午前二時だった。

江崎氏は平壌ホテルでの二日間をこう回想した。


食事はほとんどルーム・サービスでとりました。小皿に盛った料理がたくさんだされましたが、どれも辛すぎて食べられず残しました。すると監視役に付いていた将校が、食欲がないなら医者に診てもらったらどうかと、親切に勧めてくれました。ルーム・サービスをしてくれた女性もとても親切だったのでお礼をいいたい、といったら、よけいなことをいうなとたしなめられました。ホテルのシャワーは湯がでず、長い時間機内に拘留された身体を洗うにも水を使わなくてはならず、四月初めの北朝鮮の水は冷くて、これにはまいりました。

四月五日、午前五時に起こされた江崎副操縦士と相原機関士は飛行場に向かった。スターターは北朝鮮側で工夫してつなぎ合わせ、風圧をあげてなんとか用を足せるようにしてあり、電源も外部から引いて使えるように準備がしてあった。これらの点検を終えて、午前七時十分、「よど号」は東京に向けて離陸した。

出発の前に山村次官は空港で北朝鮮の新聞記者から質問を受けた。ピョンヤンでの北朝鮮当局の扱いについてどういう印象かと聞かれた山村次官は、大変よくしていただいた、心から感謝していると答えた。

第11章 危機管理

コックピット・クルーの帰還

「よど号」ハイジャック事件は、四月五日（日曜日）午前九時十分、人質となっていた山村新治郎運輸政務次官、コックピット・クルー三名と機体が羽田空港に無事帰還して落着した。三月三十一日午前七時二十分、福岡に向け羽田を飛び立ってから百二十二時間を経ていた。

私は四月四日夜、ひと足先に帰っており、五日の朝は自宅でテレビに映しだされた羽田からの実況放送に見入った。

山村次官、石田機長、江崎副操縦士、相原機関士がつぎつぎと「よど号」の機内からあらわれ、しっかりした足どりでタラップを降りてくる姿を見ながら、こみあげてくる感情を抑えきれず涙は滂沱《ぼうだ》として頬を濡らした。

夕闇迫り、許された時間はわずかななかを有視界飛行で金浦を飛び立っていかなければならない「よど号」の安全が、どんなに気になったことか。渡辺運航業務課長か

ら機長に贈った〝グッド・ラック〟の言葉が重く心に響いたことを私は思い出してい
た。ピョンヤンに着いたらしいという報告を受けたときの安堵感はひとしおのものだ
ったが、こんどは、はたしてかれらはいつ帰ってこられるのかとの不安が胸を占めた。
山村次官の蒼ざめた顔が思い出された。決死の身代わりを申しでた勇気と犠牲的精
神を称える言葉はすでにマスコミによって報じられていた。一方、マスコミではあま
り報じられなかった
が、真の勇者は、幾
多の困難を知りなが
ら従容《しょうよう》として飛び立
っていったコックピ
ット・クルー、石田、
江崎、相原の三人で
あると私には思えた。
ピョンヤン着陸まで
八十五時間もの長き
にわたり乗客の生命
を守るため、犯人た

ピョンヤンから無事帰還した石田機長（先頭）、
江崎副操縦士、相原機関士

ちの脅迫にも耐えて狭いコックピットのなかで坐りづめで頑張ったクルーたちは、心身ともに疲労の極にあったにちがいなかった。

四月六日、月曜日、出社した私は小田切取締役とともに斎藤専務の部屋に挨拶にいった。すべての乗客が無事帰国し、満足のいく結果をみていたので斎藤専務は上機嫌だった。

「おい、昨日はうまいものを食ったか。ご苦労だったなあ」

磊落《らいらく》な声もいちだんと大きく、第一声が送られてきたのが嬉しかった。

「慰労会をやってやるから楽しみにしとけ」

「なるべく早くやってください」

私はそういって部屋をでた。

午前九時、最後の本社対策会議が開かれた。

対策本部にあてられた会議室では臨時に引かれた電話はすべてとり除かれ、机は元の配列に戻っていた。

小田切現地対策本部長は「よど号」事件が解決し、四月四日に帰国したことを簡単に報告して、「あとは島田君から報告させる」といって、私にバトンタッチした。

私は金浦空港での経緯を時間を追って説明し、最後に自分の所感を述べた。

「犯人側は乗客を全員連れてピョンヤンに行くことを絶対条件として主張し、それを受け入れない場合は乗客もろとも自爆すると強硬でしたが、韓国政府の主導でこれを拒否しつづけ、金浦で乗客を解放するよう説得しました。〃一貫の理〃が成功したと思います。

このような暴力的思想犯たちにたいしては、条件交渉は必ずしも通用しないと感じました。そして、犯人たちに妥協を感じさせない強い調子で説得したことが、かれらを心理的に追い込み、政府側のペースに巻き込むことができたように思います。その点、韓国政府の対応は、結果からみて適切だったと思います。

私がとくに強調したいことがひとつあります。大詰めとなっていた四月二日の日韓対策会議のことです。犯人側は最後通告として、要求がいれられない場合は自爆するといってきました。日本側代表は動揺して会議の席上、韓国側に犯人の要求に従うよう強く申し入れました。韓国側が困りきっていたとき、警察庁から派遣されていた代表が『赤軍派は自爆などしない』という考え方を示して、対処方針を誤らないよう釘をさしました。金浦での乗客解放はこの勇気ある発言に負うところ、きわめて大きかったといえます。

日本のマスコミ世論のように『乗客の安全を第一に考え、犯人の要求に応じて目的地に飛ぶのが国際常識だ』というような考えは、今回の場合は通用しなかったのではないかと思います。

また、なるべく早い時期に韓国の関係機関を訪問して、日航としての謝意を伝える必要があろうかと思います」

気がかりだったマクドナルド神父については、体調面から本人の希望によりソウルで降ろしたと報告した。

斎藤本部長は「金浦での経過はよくわかった。韓国政府関係先には、お礼を申しあげなければなるまい」といい、中村正軌《なかむらまさのり》羽田管理部総務課長を急ぎ派遣することを決めた。そして中村課長は一週間後、ソウルに向かった。

韓国政府への慰労の言葉なし

私は四日間にわたって金浦空港で事件の推移をつぶさに見た。日本政府の方針がしだいに犯人側の要求を受け入れる方向に変わっていったのにたいし、韓国政府の方針は当初から固まっていて、日韓の対策会議を重ねるにつれて韓国側の本音がはっきりと表面にでてきたことにいささか驚くとともに、政治家朴正熙《パクチョンヒ》大統領の芯の強さを知った。国を代表する政治家が事件に遭遇したときに示す姿勢とは、こういうものかと考えさせられた。事件の対処のしかたを誤れば朴政権の基盤がぐらつくことも十分考えられた。現に韓国野党は北朝鮮に乗客を連れていくことに反対する声明を発表し、学生や一般市民も同様の主旨のプラカードを掲げて街頭デモをおこなっていたのだ。

四月四日に帰国した私が、新聞紙上に載った識者の論評を読んで感じたのは、原因はともあれ日本で発生した事件を韓国にもち込み、韓国に解決をゆだねることになったのは紛れもない事実であるのに、韓国の立場や国内事情を配慮した論評や慰労の言葉が見られないことに対する失望だった。

新聞紙上に述べられた論評の一部を引用してみる。

〈四月三日『朝日新聞』社説〉

それにしても、この三日間というもの、日本だけでなく世界中の目が、この小さな機体と、そのなかに閉じこめられた乗客・乗員に注がれてきた。日韓政府が、はたして「人間の安全」についてどのような最終判断をくだすか、この三日間の経過を振り返ってみると、われわれは一つの重大な疑問につきあたらざるをえない。それは、安全についての認識・評価ということである。

政府が説得のためにあててきた刻々の時間は、実は乗客・乗員百余人のさし迫った生命の危険や、狭い機内での計りしれない精神的重圧を代償としていたのである。「乗客の安全を第一に考える」というのは、事件のはじめから政府が力説していた言葉である。しかし、あえていうなら、人間の安全を代償にしつつ人間の安全をはかることなど、本来ありえないのである。

こうした事件の場合、まず重視されるべき機長の判断や乗客の気持ちをわきにおいた「人命尊重への努力」は明らかに逆立ちした論理である。日韓両政府とも、北朝鮮にはいった乗客・乗員の安全や早期帰国に自信がもてないことを、ねばり強い交渉の理由としてあげてきた。しかし北朝鮮政府は、公式に安全尊重と帰国の保証を明らかにしていた。それでも不安だというなら、あらゆる外交ルートをとおして確認の手だてを講じるべきであった。

〈四月四日『読売新聞』編集手帳〉

「よど号」が金浦空港に着いてから問題がいっそうこじれてくるにつれて、犯人のいうことを聞いてすんなり北朝鮮に飛ぶべきだったという声が高くなった。

結果的に乗客に無用の苦痛を与えてしまったという意味では、このような意見は当たっている。八十時間という長すぎた監禁のため、乗客に死者でも出ようものなら、人命尊重よりも政治、外交が優先したという激しい非難が加えられたことだろう。しかもそのような危険もあった。さらに韓国への着陸には、かなりの小細工もあった。

韓国の強硬な態度には日本政府も手こずったが、乗っ取り犯が非人道的だったことを忘れてはならない。

こうしたなかで、四月四日の『読売新聞』に載った外交評論家蠟山道雄《ろうやまみちお》氏のつぎの論評だけは正鵠《せいこく》を射ているとともに韓国政府の対応に理解を示しているように思えた。

政府は、終始韓国ペースに引き回されたというが、それは当たらない。日韓条約いらいの態度を堅持している限り、ここで韓国に強い態度をとれるはずがない。日本では、はじめ北朝鮮が受け入れを保証するといったので、感謝したが、あとで状況変化を理由に断わったので、なんだと反発した。しかし、これはいたし方のないことで、国際政治というものは、こういう形でダイナミックに動くものだ。

どこの国とも仲良くすることは、実際には非常に難しい。韓国に気を使い過ぎたかどうかは難しい問題だ。

北朝鮮と交渉すれば、韓国との外交関係が悪化するだろう。いままで日本は、外交らしい外交を持ったことがなく、国際関係の難しさを十分理解したこともない。この際、日韓でいやというほど外交の困難さを知ったと思う。教訓として生かしていけばムダなことではなかったと思う。

金浦に三日間もいたことを一概に悪かったとはいい切れない。人命救助の面から考えれば、金浦でねばって百人以上を助け出したことは、あれでよかったと評価するより仕方がない。早く北朝鮮へ行けばよかったというのは仮定の話だ。また人質が山村政務次官に代わり、北朝鮮が情勢が変化したといっているのも論理的で、やむをえないように思う。問題は、こちらがどう考えるかというより、向こうがどう考えているか、そしてそれにどう備えるかだ。

韓国、北朝鮮、米国はどう論評したか

北朝鮮側の事件の結末にたいする論評として、朝鮮総連外務部長の尹相哲《ユンサンチョル》氏はつぎのように述べている〔『読売新聞』四月四日付〕。

金浦で乗客が降りたときから、人道問題という本来の性格が変わった。それにもかかわらず、その点についてわが国の同意を得ることもなく、ましてわが国乗入れの許可がないにもかかわらず、わが国の領域に送り込み、不意に着陸させた。これは国際慣例にもとるものといわざるを得ない。

これまでの経過をみると、赤軍派の背後にわが国がいて、その入国を歓迎しているかのようなデマが流された。そこに、わが国を中傷しようとする国際的謀略のニオイがする。

したがって飛行機と乗組員〔山村次官も含む〕ならびに、いわゆる赤軍派にたいする措置は、わが国の国内法と独自の判断にもとづいておこなわれるものと思われる。

それは独立国として当然な主権の行使で、はたからとやかくいわれる筋合いのものではない。

『東亜日報』東京支局長李憲馥《イホンボク》氏はこう論評している。

平壌に着陸した日航機は機体はもちろん人質になった山村次官、乗務員も簡単に帰ってこないだろう。北朝鮮は三日夜、それまでの国際慣例と人道主義の見地から、機体、乗客・乗員をすぐに返還するという立場を急に変えた。

乗客が降りてしまったという状況の変化があったためと解釈できなくもないが、共産主義者に人道主義が通用するわけがない。

もし乗客が乗ったまま平壌に着陸していても、全員を返還してきたかは疑問だ。福岡やソウルで解決できなかった問題を、平壌に持ち込んだのは、日本と韓国の謀略だと北朝鮮は決めつけている。だから、乗務員は北朝鮮からみれば、日韓の政治謀略に加担した一員となり、白紙では返されないだろう。

犯人については、常識的にみれば北朝鮮と政治路線の違う連中ばかりだから、国外追放も考えられるが、時間をかけて北朝鮮流の革命思想を教育する可能性が強い。

アメリカの『イブニング・スター』紙はつぎのように述べている。

駐韓アメリカ大使館からは、乗客のなかに二人のアメリカ人が含まれていることから、国務省にたいし、とるべき措置について訓令を求めた。国務省のある高官によると、国務省の訓令はただ一つ。「乗客の生命の安全を第一に考慮すること」だけであったという。アメリカでは、アメリカ人の安全を第一にするということは、いかなる危険も、拘束も、苦痛も、もちろん生命の危機も避けるべきだということで、北朝鮮に行くとこれらの危険が生じる可能性があり、韓国で無事解決することを意味している。

米国政府には自国民の安全と生命を守るという確固たる信念があることがうかがえる。日本政府の考え方とのちがいは、はっきりしていた。しかも一国民の安全の問題にとどまらず、国益にかかわる問題がひそんでいたとすれば、当局としてはなんとしてでも韓国で解決する必要があったのだろう。

ピョンヤン解決の先にあったもの

平成七（一九九五）年に起きた阪神大震災以来、わが国の危機管理の甘さが指摘されている。

わが国で航空機がハイジャックされたのは「よど号」が初めてだった。治安当局が虚を衝かれた新しいかたちの犯罪であったが、しかし、昭和四十三（一九六八）年、四十四（一九六九）年には世界でハイジャック事件が多発しており、その多くは政治的過激派集団が中心になって実行していた。

一九六〇年代の「反日米安保闘争」「反ベトナム戦争闘争」「大学の民主化闘争」と、学生運動がしだいにエスカレートする過程で、一部の学生が暴力主義に走り、治安当局の追及は厳しくなっていった。逃げ場を失った過激派集団・赤軍派がつぎに打つ手は国外脱出で、宣伝効果の点からみても、もっとも効果ある手段として考えつくのは航空機のハイジャックであろうことを想像するのは、さほど難しくなかったはずである。

こうした状況のなかで「よど号」事件は発生したのであり、これは明らかに治安当局の不注意、職務怠慢であったといえる。事件後、治安の最高責任者であった荒木萬寿夫国家公安委員長が、赤軍派学生の監視面で手ぬかりがあったこと、「よど号」機内への凶器の持ち込みを阻止できなかったことの政治責任を明らかにするため進退伺いを考えたというのは、けだし当然といえよう。

犯人たちにたいする日韓両政府間の対応方針には大きなギャップがあった。日本側、とくに外務省筋は人道的見地から犯人の要求を受け入れ、乗客を乗せたまま北朝鮮へ送り、そこで事件を解決しようとした。しかし考えてみれば、韓国で解決できない事件の解決を、敵対する北朝鮮にゆだねるよう韓国に申し入れても受諾してくれないのは当然である。それが国際常識というもので、韓国の国民世論もそれを許さなかった。

事件の解決方法いかんでは朴政権は根底から揺らぎかねず、各地で暴動が発生するおそれがあったため、警備態勢を強化したほどであった。朴政権にとっては、先に述べたアメリカ人マクドナルド氏の扱いと同時に、約百名の日本人乗客の扱いはきわめてデリケートな問題をはらんでいた。

一方北朝鮮は、いったんは乗客・乗員の安全を約束したが、案の定「条件が変わったから、航空機の航行の安全と乗客〔山村次官と犯人〕、乗員の安全の保証をしない」と態度を変えた。「よど号」は国際遭難通信用周波数一二一・五メガサイクルで航行援助を求めつづけたにもかかわらず北朝鮮側はこれを無視した。一二一・五メガサイクルで呼びかけるのは、船舶でだすSOSと同じに緊急性の高い呼びかけであり、これに応じるのが国際航空界の常識であり、ふつうの国である。

ピョンヤン着陸後、石田機長はこの点を北朝鮮当局に質《ただ》すと、「われわれがナビゲーション・エイドをおこなえば、われわれが『よど号』を受け入れたことになるから、最初からするつもりはなかった。『よど号』はあくまで不法侵入者として取り扱うのが、われわれの原則であった」というのが回答であったという。

航空機の受け入れを拒否するのであれば、領空外へでるよう指示すればよい。結局、北朝鮮の意図は不法侵入者となった乗客・乗員を自由に裁量したかったのだと推測される。金日成主席は当時、対日オルグを養成するため一人でも多くの日本人がほしかったのだろう。約百人におよぶ日本人の乗客が、犯人の要求どおりに北朝鮮に行っていたら、一部の乗客は帰還できなかったかもしれない。とくに二十歳代の男女十八名は、北朝鮮側がいうところの「自主的」に残留して工作員に仕立てられていた可能性があったのではないか。北朝鮮は人道論が通用するほど甘い国ではない。韓国政府の主導で事件が解決されたのは幸いだった。

それにしても、北朝鮮の態度の変化を読みとれず、民間航空会社に最悪の飛行をさせた日本国外務省はこれにたいする責任をどう考えていたのだろうか。一人の航空関係者として、ときがたつほどに、その疑問は私のなかでますます大きくなるのである。

エピローグ　その後のテロリスト、神父、そして犠牲者

「よど号」事件の犯人らは政治亡命に成功したが、それは予期せぬほどの長いものとなった。かれらはピョンヤンから少し離れた招待所に移され、いまにいたるまで、そこがかれらの生活の場となっている。かれらには厳しい規律と学習の日々が待っていた。起床、食事、体操、学習の時間が決められ、朝鮮労働党から派遣された指導員によって「討論・総括」が課せられた。

学習は金日成主席の指令にもとづき、金正日《キムジョンイル》が担当最高責任者に任命されておこなわれた。その目的は、かれらを完璧な対日工作員に養成することであった。カリキュラムが組まれ、ピョンヤンの社会科学院から派遣されてきた教授たちが指導した。いっさいの理論的妥協は許されなかった。テキストはチュチェ思想の理論書であった。金日成のチュチェ思想は、人民の解放すなわち革命はその国の実情に応じ、人民自身の力によってのみなし遂げられるというものである。そしてプロレタリアート独裁権力の根源は、金日成首領様の指導のもとに首領—党—階級—大衆の結びつきにあると

しており、海外に複数の拠点を置いて世界同時革命を起こすという赤軍派の理論や方法論とは本来、相いれないものだった。

生活の面でかれらは、きわめて好遇された。与えられた部屋は広く贅沢な間取りで、食料や衣料品は良質のものが支給され、豪華な食事が供された。やがてかれらは北朝鮮政府当局に感謝するようになり、恩義すら感じるようになった。かれらはチュチェ思想を素直にかつ「主体的」に受け入れるようになっていった。

すなわち「各国人民は解放のために、その国の人民自身の力で、チュチェ思想に裏打ちされた共産主義社会を実現してゆかなければならない。われわれ九人は、チュチェ思想を基礎として、日本革命に向けて闘うためには、生命を投げうって成功させることを絶対使命とする。それは金日成首領様と朝鮮労働党にみちびかれて初めて成功しうるものである」という思想的確信をもつにいたった。政府指導員による犯人たちの洗脳は成功したのである。

朝鮮労働党がつぎに考えたのは対日工作要員を一人でも多くつくり、日本にチュチェ思想を定着させていくことだった。そのためには犯人らに同化する「細胞」をつくる、すなわち結婚して子供をつくるのが最良の方法である。こうして日本人「花嫁」が拉致され、あるいは騙されて北朝鮮に渡り、犯人らと結婚させられた。高沢皓司氏の『宿命』によれば、こうした工作の最高責任者も金正日であったという。

タイで逮捕され、30年ぶりに帰国した犯人の1人、田中義三。2000年6月

花嫁たちに与えられた使命は首領様に絶対的忠誠心をもち、チュチェ思想に武装された子供をつくりあげることだった。それは金日成主義の真髄である「つぎの世代を担う革命戦士をつくらせ、革命組織を構成する人間を増やす」ことでもあった。

革命戦士に生まれ変わった犯人とその妻たちは、労働党指導員と協同して、中堅幹部を養成し増やすために海外での日本人拉致を計画した。労働党指導員の指揮のもと、かれらは昭和五十四（一九七九）年末ごろから活動を始め、ウィーン、マドリッド、ロンドン、パリ、コペンハーゲンなどヨーロッパ各地や日本国内で日本人を拉致してきた。

犯人やその妻子の常套句は、「祖国日

本」「日本を愛する」「望郷の念」など愛国心に訴えるものであり、それらの言葉を投げかけて帰国への素地をつくろうとする意図がうかがえる。かれらはまた「人道」「人権」「自主」「愛国」「民族」といった耳ざわりのいい柔らかい言葉をよく使う。これらは戦術的な言葉であり、「領導芸術」として日本国内向けに使われていると見るべきであろう。

「領導芸術」とはなにか。金日成主義の工作活動においては、みずからの主張や思想を前面にだしてオルグすることは禁じられている。これを明らかにすれば、自分が金日成主義者であり、チュチェ思想を信奉している人間であると相手に知らせることになり、いかなる危険が身にふりかかるかわからない。一種の保身術である。金日成主義の「工作要領」には、相手に知られず、しかし相手をうまく誘導するために心理的テクニックを用いるのが肝要であると示されているという。このテクニックが「領導芸術」である。

平成十三（二〇〇一）年五月十五日に日本へ帰国した「よど号」の娘三人の言動を仔細に見ると「領導芸術」のにおいが感じられる。海外脱出のための手段として実行されたハイジャックではあるが、犯人とその家族はチュチェ思想に武装されて工作活動をつづけてきた。さらに、こんごも日本での活動をおこなう可能性は十分考えられる。事実、娘らが帰国した十日後、五月二十五日から東京で始まった第十九回在日朝鮮人総連合会〔朝鮮総連〕全体大会に寄せて、労働党機関紙『労働新聞』は「新世代の在日朝鮮人を熱烈な金正日総書記の崇拝者にするため努力すべきだ」という社説を掲載している〔『日本経済新聞』五月二十六日付夕刊〕。

ＮＧＯの一員として北朝鮮で一年半にわたり活動したドイツ人医師ノルベルト・フォラツェン氏は、ピョンヤンでしばしばこの三人の娘を見かけたが、彼女たちは非常な厚待遇を受けていたと証言している。フォラツェン氏の手記『北朝鮮を知りすぎた医者　国境からの報告』（草思社）ではつぎのように記されている（抜粋）。

始終見かけるこの三人の若い女性はいったいだれだろう？　ほかの留学生たち、たとえばベトナム人やモンゴル人、ロシア人学生などとは明らかに別扱いされ、いつも離れたところにいる。化粧は濃くなかったが、完全に「西洋風の」流行服に身を包んでいた。彼女たちはいつも三人いっしょにいたので、それだけで人目を引いた。

平壌には外国人は多くない。したがって「西洋風の」服装で「西洋風の」ヘアスタイルをしていると目立つ。この人たちは平壌の日本人の学生だろうか？　日ごろ情報通のモンゴルの学生たちもこの三人のことは知らなかった。どうやら非常に特別な存在らしく、彼女たちはあらゆる公式の催しに顔を出し、いつもちやほやされていた。二〇〇〇年十月十日の党創立記念日の記念祝祭は金日成広場で催されたが、彼女たちは金正日からおよそ十メートルほど離れた貴賓席に外交官たちといっしょに座っていた。メーデー・スタジアムでは十万人の若者たちのマスゲームが行なわれたが、そのときも金正日からおよそ二十メートルぐらい離れた貴賓席にいた。金正日のすぐ隣にいるのは、軍の高官だけだ。(こうした)貴賓席は厳格に隔離されていて「ただの」の市民は入れないようになっていた。

例外的に特権を与えられたこの若い女性たちが、日本の赤軍派の娘たちであることを、私はのちに〔二〇〇一年五月〕東京で知ることになる。赤軍派はテロ集団のひとつで、一九七〇年に日本航空機「よど号」をハイジャックして平壌に飛び、それ以来北朝鮮に住んで世界各地で北朝鮮の工作活動の一端を担っている。彼女たちの親はその「英雄的な行動」のためにヒーローとして遇されている。それにしても、じつに特殊な亡命生活といわねばならない。

北朝鮮でヒーローとなった犯人たちのその後である。

田宮高麿、死亡。

田中義三、北朝鮮に渡って以来、おもにヨーロッパなどで活動。平成八(一九九六)年、カンボジアで身柄を拘束、タイでの偽ドル札事件でタイ司法当局に逮捕される。「よど号」事件での強盗傷害、国外移送略取などの容疑によりバンコク発成田往きの日航機内で警視庁に逮捕される。平成十三年、東京地裁で結審。検察側は懲役十五年を求刑。判決言い渡しは平成十四年二月。

柴田泰弘、昭和六十（一九八五）年、日本に帰国。六十三（一九八八）年、旅券法違反の容疑で兵庫県警に逮捕される。平成五（一九九三）年、懲役五年の刑が確定。翌六年、刑期を終えて出所。

小西隆裕、在北朝鮮。

吉田金太郎、死亡。

若林盛亮、在北朝鮮。

岡本武、死亡〔未確認〕。

赤木志郎、在北朝鮮。

安部公博、在北朝鮮。

金浦空港で消えたマクドナルド神父は「よど号」事件の解決した五日後に東京へ戻り、「死ぬまで日本を離れない」といっていたのだが三年後に帰国し、その直後に神父をやめたという。以後の消息はわからない。

苦難に立ち向かい、身命を賭して職責を果たした石田機長は、犯人からでなくマスメディアによって社会的生命を絶たれることになった。いちどは英雄のごとくもてはやし、のちに彼のプライバシーをあばきたて、人生を狂わせた。パイロットとして充実した人生を歩んできた石田機長は自分の職責を全うしただけであり、みずから英雄気取りになったことはない。テレビの回想番組で映しだされる石田機長の姿を見るたびに、私は胸を衝かれる思いがして、目をそらせるのである。

おわりに——日本人が知らなかった事実

一昨年、二〇〇〇年八月、『若き将軍の朝鮮戦争』（草思社）を読んで著者の白善燁《ペクソンヨップ》氏がご健在であることを知った。

「よど号」事件のとき白氏は韓国交通部長官として、事件解決のため夜に日をついで活躍しておられた。そして事件解決の見通しについての氏の慧眼によって私たちは蒙が啓かれ、また事件は解決した。一度お礼を申しあげたいとかねがね希っていた。

早速、草思社に電話して白氏の住所を尋ねたところ、草思社が仲介の労をとり白氏宛ての手紙を送ってくれるとのことで甘えてお願いした。

そんな縁で編集部の増田敦子さんを知ることになり、「よど号」事件のことについて何か一文を草するよう勧められ、二〇〇一年三月号の草思社PR誌『草思』に「いま、よど号ハイジャックを回顧して」が掲載された。拙稿にたいする反響は意外に大きく、もっと詳しく本にまとめてほしいという声を多くの方から受けた。

「よど号」事件は、警察当局に追われ八方ふさがりとなった赤軍派学生たちが逃げ場を求めて国外脱出をはかり、これを実行したハイジャック事件である。しかし、「よど号」事件がもっている不可解な事実や謎については、あまり知られていないと思う。

事件の経過をなぞりながら、さまざまな局面で生じた出来事や関係者の言動をできるだけ忠実に集め、私の推測をまじえてまとめたのが本書である。「はじめに」において、歴史にあえてイフを設け、それを念頭におきながら事件を再検証してみたいと述べたことについては、ほぼお約束を果たせたと自負している。

事件の意外な展開を現地で見てきた私は、いつの日か世に知られざる重要な事実を一冊にまとめたいと考えメモにとっておいたが、公表を憚《はばか》られる内容もあったので、三十年後のこんにちにいたった。本書から米韓両国の真意を読みとっていただければ、金浦《キンポ》への偽装着陸の謎は解けるはずであり、事件の様相は従来とは一変して見えることだろう。

こうして事件を回想してみて感慨を新たにするのは、いったん緩急のさいの日本政府の対応のまずさ、平素の情報不足と気概のなさへの失望感であり、その状況はこんにちも変わっていないように思えてならない。また、マスコミにあらわれる識者と呼ばれる人の思慮の浅さ、国際政治にたいする蒙昧さという体質もまたこんにちまでつづいているようだ。

当時とっていたメモがあるとはいえ、三十年も前のことであり、また不慣れなことでもあったので一部おぼつかない点があるかもしれないが、多くの方のご支援をいただいてようやく上梓することができ、ほっとしている。

ご多忙のなか快く取材に応じてくださった、江崎悌一氏、相原広美さん、山本博彦氏、茨木浩一郎氏（元日航運航本部部長）、小久保喜平氏（当時、日航運航基準部運航課長）、足達雅彦氏、白善燁氏をはじめ、ご協力いただいた方々に心からお礼を申しあげたい。

また、適切な資料とアドバイスをいただいた渕ノ上将孝氏および高校時代からの畏友増井清彦氏の協力なしに本書を世に送ることはできなかった。お二人にお礼を申しあげる。終始励ましてくれた編集部の増田敦子さんにもお世話になった。感謝申しあげる。

平成十四年一月

島田滋敏

文庫版のためのあとがきに代えて――最後の謎を解く

板付空港からピョンヤンに向けて飛び立った「よど号」を韓国政府が強制的に金浦空港に降ろした謎。

金浦《キンポ》で解放された乗客の一人が忽然と消えた謎。

これらについて、その後判明した関係者の証言や記録によって謎の霧を払えば、全容がさらに明らかになってきた。

加えて、私が最も関心を持っていることは、事件後に生じた「よど号」の犯人たちと北朝鮮当局による日本人拉致犯罪である。

以上のことについて加筆し、国際政治・外交上の問題についても触れておきたい。

一　強制着陸

「よど号」をハイジャックした韓国空軍管制官

第3章で金浦空港の偽装について書いた。「よど号」が金浦空港に着陸した理由は、これまで謎とされてきたが、すでに明らかにしたごとく、「よど号」は韓国政府によって強制的、かつ、石田機長以下コックピット・クルーを欺瞞して誘導され、金浦に降ろされたのであった。

二〇〇三年七月号の『月刊朝鮮』に、呉東龍記者が〝深層スクープ記事〟と銘打ち、「よど号をハイジャックし金浦空港に誘導した元韓国空軍管制官蔡《チエ》熙《ヒ》錫《ソク》による三十三年ぶりの秘録公開」という題で、金浦に着陸させた経緯を詳しく述べている。

この記事は、本書単行本発行の一年六カ月後に発表されたのである。

「よど号」は韓国政府の誘導によって金浦空港に降りたことを裏付ける、当事者の貴重な証言と言えよう。以下、記事に沿って経緯をたどってみる。

緊急呼出命令

蔡熙錫氏は、元韓国空軍第七航空保安団所属の管制官であった。彼は一九六八年、アメリカ連邦航空局（FAA）から航空管制官の免許を取得した数少ない韓国人管制官であった。同年三月、米二一四六通信戦隊に派遣され、韓国人初の「ラプコン」管制官〔RAPCON＝Radar Approach Controller レーダー進入管制官〕になった。

事件当日、自宅にいた彼のもとに空軍のジープがやって来て、金浦空港にあるラプコンに呼び出された。午前十一時三〇分であった。ラプコンには金浦通信隊長のケラー（Keller）大尉（米軍）と韓国人管制官二名、米軍四、五名もいた。その横には、韓国空軍憲兵大尉二名が立っていた。

蔡熙錫氏が「よど号」を管制するようになったのは、在韓米国大使がケラー大尉に電話で、韓国空軍管制官の中で「よど号」を管制できる人物がいるか、と尋ね、大尉がFAAの免許を持っている蔡氏を推薦したことによる。

閣下（大統領）の指示だ。ここを北朝鮮と偽ってもよい！

十二時三〇分頃、ラプコンのレーダースコープを見つめていた蔡熙錫管制官に電話があった。

「私はKCIA部長だ。キミは誰だ⁉」

「管制組長（chief）です」

「これは閣下（大統領）の指示だ！　ハイジャックされた飛行機が今、福岡・板付空軍基地に留まっている。理由の如何を問わず、この飛行機を金浦に着陸させろ！　この「よど号」を着陸させるためであれば、操縦士にソウルを朝鮮人民民主主義共和国だと言ってもかまわない！」

蔡熙錫管制官は、ＫＣＩＡ部長という肩書にドキッ！　としたと述べている。

さらに、管制官の立場では、このような指示はナンセンスだと思ったという。ピョンヤン周辺の気象や山々の高度等の地形を知らない民間機に対して、間違った情報を与えると、とんでもない事故になりかねないと思ったからである。

ラプコンは、通常、米軍のスーパーバイザーの指揮下で空港周辺四〇マイル以内の空域を管制するシステムだから、安全上、四〇マイルを超えている「よど号」には管制ができないのである。

米軍当局はそのリスクを避けて、やむなくＫＣＩＡを通じて、蔡熙錫管制官に指揮の権限を移譲し、一歩下がって責任逃れをしたのだろう。

蔡管制官は規定上、四〇マイルまでしか管制できないラプコンを、最大範囲である二〇〇マイルまで広げてチャンネルを使い、管制に入った。

米軍が規定上できないことを韓国政府が引き受けたのは、「よど号」をなにがなんでも金浦に連れてこなければならないという明確な意思が（韓国政府に）なくてはあり得ないことです、と蔡熙錫氏は語っている。

米韓両国による監視

烏山《オサン》の第三〇防空管制団、横田基地の米第五空軍、ハワイの統制センター〔Regional Control Center〕の三者間では、平時から緊密な情報交換が行われていた。三月三十一日午前十時、蔡《チエ》氏がラプコンに呼び出される前、米第五空軍作戦センターから「日航機がハイジャックされた。犯人たちはピョンヤンへ行きたいと望んでいる。これに備えるように望む」という連絡が第三〇防空管制団にあり、韓国空軍は通常の作戦範囲内で「よど号」の監視体制に入った。午後二時二〇分、韓国防空識別区域に入ったときから、オサン空軍防空管制団が「よど号」を完全に監視していた。「よど号」は韓国にとっては、飛行計画〔flight plan〕に載っていない航空機であったけれども、在日米軍第五空軍からの通報があったので、「未確認飛行物体」としては扱わなかった。

金浦空港への着陸誘導

午後二時四五分頃、ラプコン室内にいた空軍憲兵二人が突然、蔡管制官に近づいてきて、拳銃を抜き取ったので蔡氏は驚き、緊張した。

"Any station, any station, this is JAL 8315, 121・5, do you read me?"（どの空港でもよいから応答せよ。こちら日本航空八三一五、一二一・五メガサイクル。聞こえるか？）

「よど号」機長からの音声がいきなり入ってきた。蔡管制官はすかさず緊急周波数一二一・五メガサイクルのボタンを押した。

"JAL 8315, this is Seoul approach control, go ahead."（日本航空八三一五、こちらソウル進入管制官、応答せよ）

北朝鮮管制官が、「よど号」が発信する緊急周波数一二一・五メガサイクルに応ずるボタンを押す寸前、ほんの〇・一秒の差で蔡管制官がこれを捉えた。もしタッチの差で蔡管制官が「よど号」とコンタクトできなかったら、「よど号」はピョンヤンに着陸していただろう、と蔡氏は言っている。

「よど号」のコックピットから「そこはピョンヤン管制所か？」と問いかけてきたので、蔡管制官は、周波数一三四・一〔金浦空港誘導の周波数〕に合わせるよう指示するとともに、ここはピョンヤンだと偽り、以後「よど号」が金浦に降りるまでピョンヤンと言いつづけた。

かくて「よど号」は一九七〇年三月三十一日午後三時一九分、金浦空港に無事着陸した。

蔡熙錫氏のその後

「よど号」事件直後、蔡氏はマスコミには一切登場しなかった。新聞インタビューに出てきたのは、「よど号」を管制していないタワーの管制官たちだけだった。理由は判らないが、KCIAからは「よど号」を管制したことを口外しないようにとの緘口令が蔡熙錫氏に下され、自宅待機を余儀なくされたのだという（呉東龍記者）。

四月三日午後六時三〇分、乗客を降ろして「よど号」がピョンヤンに飛び立って、韓国でのこの事件は終結した。その後、米軍の友人たちは蔡氏にこう言った。

「もしハイジャックされたのがアメリカの飛行機で、あなたが誘導して金浦に着陸させたなら、ホワイトハウスに招かれたことだろう」

そして、「日本の飛行機を誘導したのに、なぜ自宅軟禁されるのだろうか」と言って不思議がったそうである。

蔡氏は精神的なストレスに耐えられず、転属願いを出したが、彼はFAA管制官の免許を持っているので、空軍は手放したくなかったのだろう（呉東龍記者）。蔡氏は一年三カ月後の一九七一年六月、八年七カ月の軍務を終えた。民間航空会社の運航管理者〔デスパッチャー〕になりたかったが、叶えられず、板門店《パンムンジョム》内で記念品の店を営んでいる（二〇〇三年五月時点。呉東龍記者による）。

二　韓国政府の公開文書（二〇〇六年三月三十日公開）

公開文書の結論

このときの着陸について、二〇〇六年に発表された韓国政府の公開文書は、〝石田操縦士の身の上の安全上、発表しなかったが、JAL機の金浦空港着陸は、もろもろの経緯から見て、老練な同操縦士の計画かつ恣意による着陸だった〟と結論づけている。

だが、石田元機長には、韓国に着陸する意図は全くなかった。時事通信ソウル支局長の電話インタビューに答えて、空港に降りて初めて金浦であることに気付いたと言っている。

意図して金浦に着陸したという根拠（公開文書）

〝JAL機は交信周波数一二一・五メガサイクル〔韓国で使用しているもの〕を発信し、これを金浦管制官が捉えて呼びかけると、すぐに応答するようになったので、当然韓国管制当局による誘導であることを認識していた〟と公開文書に書かれている。

しかし、一二一・五メガサイクルは緊急事態発生時の世界共通の通報周波数で、金浦のみならず、ピョンヤンにも届いており、同時に傍受できている。蔡熙錫氏が述べているように、一瞬の差でピョンヤンでなく、金浦管制官が捉えたのだろう。

石田元機長はピョンヤンだと思って降りた、と強く言っている。

金浦着陸時刻をピョンヤン着陸に合わせるための遅延操縦＝ジグザグ飛行（公開文書）

当時、石田機長の念頭にあったのは、乗客を一刻も早く安全に着陸させたい一念であったはずである。ハイジャック犯人たちの脅かしを受けながらも、沈着冷静に飛行したのであって、ピョンヤンまでの飛行時間と金浦への着陸時間を調整しながら、ジグザグ運行するなどあり得ないことである。

この点について、事件当時、石田機長の直属の上司であったベテラン元機長に直接尋ねてみた。

「どんな有能な機長でも、ピョンヤンに着陸した経験もないのにピョンヤンまでの飛行時間を計測できるはずがない。ピョンヤンと金浦までの飛行時間を調整しながら操縦することはできもしないし、考えるはずもない」と、彼は公開文書の言う遅延操縦を強く否定した。

すでに述べたごとく、蔡熙錫氏の管制記録に基づいた証言をみれば、「公開文書」は事実と異なる内容であると言わざるを得ない。

石田元機長の回想

念のため、石田元機長の回想を記載しておく。時事通信（二〇〇六年三月三十日）に〝公開された韓国外交文書の「内容は捏造」〟の見出しで書かれている。以下に引用する。

――一九七〇年三月にハイジャックされた日航機「よど号」の機長だった石田真二さん（八三）＝大阪府岸和田市＝は時事通信の電話取材に応じ、「機長の判断で計画的に金浦空港に到着した」とする韓国の外交文書の内容について「事実と異なる部分があり、だいぶ捏造されている」と否定した。福岡の板付空港を離陸し、北朝鮮に向かっていた「よど号」が金浦空港に着陸するまでの経緯を聞いた。

石田さんによれば、日本海を北上していた「よど号」が、三八度線を越えたあたりで、管制塔を呼んだという。三〜四分後に万国共通の緊急周波数（一二一・五）で「こちらピョンヤン」との返答があったが、それはソウルの管制塔が騙《だま》したものだった。管制塔が流ちょうな英語を話したため、石田さんは「ピョンヤンの管制官がこれほど英語がしゃべれるのか。おかしい」と直感したが、指示に従い、金浦空港に着陸した。「北朝鮮についても韓国についても何も情報がなかった。手も足も出ない状況では管制に従うしかない」と石田さんは振り返る。板付空港で手渡されたのは中学生用の朝鮮半島地図のコピー一枚だけだった。「情報はもっとあったはずだが、日本側が出さなかった。北朝鮮へ行かせたくなかったのだろう」と回想する。「米軍と日本が韓国への着陸を計画し、韓国側に協力を依頼したのではないか」との推測も披露した。

公開された外交文書ではソウル管制塔の誘導で同機が南下した際に北朝鮮側が対空砲五〇〇発を撃ち、ピョンヤンの管制塔が「戻って来い」と要請したとの記述も文書に見られる。しかし、石田さんは「ピョンヤンはうんともすんとも言わなかった」と否定、「韓国当局には世話になったので言える立場ではないが、内容は捏造《ねつぞう》されている」と強調した。

歴史は事実によるものでなく、造られるものなのか

「よど号」事件でも韓国政府は事実と異なる公式文書を発表し、それをもって、最終的に歴史としている。また日本政府も何らの訂正を求めず、そのため石田機長の判断で勝手に金浦に降りたとし、石田機長ひとりの責任にしてしまった。あのときのラプ

コンの交信記録は保存されているはずで、これを聞けば簡単に事実が判明するのである。なぜそれをしないのか。

本書で再三述べているように、「よど号」が金浦に着陸して以降に韓国政府が執った事件解決方法は極めて適切で、ハイジャック犯たちに迫った対応も見事であったと思うし、それについては今も変りなく感謝している。だが、「よど号」を欺瞞して金浦空港に降ろした経緯についてなぜ事実に基づいた公文書にしなかったのか？　何か公表できない事由があるのか？　一国の政府のとるべき対応なのか？　わが国政府当局の対応も含めて、なぜ事実を公表しないのか、疑問は残る。

これについての私なりの推測は確信に近く、それは本書を通読すればおわかりいただけると思う。

三　犯人たちの犯した罪、拍車がかかった北朝鮮の工作

ヨーロッパでの拉致実行がもたらしたもの

ハイジャック犯とその妻たちは、西側の情報機関によると、北朝鮮の工作員の指揮のもとにヨーロッパで拉致を実行した。

一九八〇年、スペインのマドリッド動物園で松木薫さん〔当時二十六歳〕、石岡亨さん〔当時二十三歳〕を、犯人・田宮高麿の妻森順子、若林盛亮の妻黒田佐喜子らが拉致した。

一九八三年、ロンドンで有本恵子さん〔当時二十三歳〕が柴田泰弘の元妻八尾恵〔当時二十三歳〕に騙されて北朝鮮に連行された。

八尾恵の証言

八尾は一九七七年、北朝鮮に渡り、翌年、柴田泰弘と結婚。

二〇〇二年に出版した手記『謝罪します』（文藝春秋）によれば、日本出国直後か

ら田宮高麿の指示で日本人の拉致に関与した。自分も含め、顔を知られていない「よど号」ハイジャック犯の妻たちが、田宮の指示でヨーロッパに渡り、日本人獲得作戦を実行していた。

有本恵子さんについては、ロンドンで騙してからピョンヤンに連れてゆき、魚本（旧姓・阿部）公博らに引き渡した。

このようにして北朝鮮当局は、ヨーロッパでの拉致を実行させて成功したため、これに味をしめて日本国内を対象に、さらに活発な工作を展開するようになった。

日本政府が公式に認めた北朝鮮の不審船だけでも、宮崎（一九八五年）、福井（一九九〇年）、能登半島（一九九九年）、東シナ海（二〇〇一年）、黄海での銃撃戦（二〇〇二年）というように、広域にわたり侵入し、大型化し武装化された不審船が日本近海に出没するようになった。

北朝鮮の対日・対南工作

北朝鮮当局による拉致事件は、今日も大きな政治・外交問題になっている。ここ十数年にわたり歴代内閣が鋭意努力しているが、解決の目途はたっていない。北朝鮮の工作員が日本領土から日本人を頻繁にさらっていったのは一九七七年から一九八〇年代にかけてであった。一方、日本人が拉致されているのが広く知れ渡り、大きな社会・

政治・外交問題になったのは一九九七年で〔北朝鮮がはっきりと拉致を認めたのは二〇〇二年の小泉訪朝時〕、二十年も後のことである。その間、拉致問題は放置されたままといってよいほど、政治家・公安当局は〔表向きには〕関心を示していなかった。

現在もなお、十二人の被害者〔政府が拉致被害者と認定した人たち〕が帰国していない。一体、日本国内からなぜ日本人が次々と拉致されたのか。それについて元朝鮮総連財務局副局長であった韓光熙《ハングアンヒ》氏が著書『わが朝鮮総連の罪と罰』（文藝春秋）で大要を次のように語っている。

在日朝鮮人〔総連系〕の秘密工作活動は、北から送り込まれた工作員が、在日朝鮮総連の青少年を教育し、これに当らせた。

北朝鮮の工作員は、日本と北朝鮮の間を自由に往来できた。日本海沿岸を中心に、工作船が往来した拠点は百～二百箇所もあって簡単に上陸できた。著者の韓光熙がつくった上陸拠点でも三十八箇所あったと書かれている。これらの工作員たちは、北の特殊機関の三〇号庁舎から送り込まれた。七〇年代当時、朝鮮総連指導課に属していた在日非公然組織が約二十あったという。

拉致の目的は、日本人を教育洗脳し、工作員に仕立て上げること。あるいは北朝鮮人工作員に日本語や日本人らしいマナーを仕付け、あたかも日本人であるかのように偽装して対韓国工作〔例えばテロ〕をさせ、これによって日韓の離反を図ることであった。

教育された北の工作員によるテロ事件として思い出されるのは、朴正熙大統領の暗殺未遂事件がある。一九七四年、在日朝鮮人文世光《ムンセグアン》が、演説中の朴大統領を狙撃。大統領は無事だったが、大統領夫人陸英修《ユクヨンス》さんに命中し、夫人は亡くなった。

一九八七年にはビルマ〔現ミャンマー〕上空で大韓航空機を空中爆破し、百十五人の犠牲者が出た。これは、日本人名・蜂谷真一のパスポートを所持していた北朝鮮の工作員、金勝一《キムスンイル》と、同じく蜂谷真由美のパスポートを持っていた工作員金賢姫《キムヒョンヒ》が実行した。実行犯金賢姫に日本語と日本女性の品格、マナーなどを教育したのが、日本から拉致された田口八重子さん〔朝鮮名・李恩恵《リウネ》〕とされている。

日本政府の甘さ

「よど号事件」の直後から、ハイジャック犯の引き渡しを北朝鮮に要求し、取り返せなかったことが、その後発生したヨーロッパおよび日本での拉致事件につながったのではないか。国内外で次々と、半ば公然と拉致が実行されたのは、公安警察・外務省・政治家の怠慢にほかならなかった。あまつさえ、拉致犯罪が行われていたさなかに、一九九五年にコメ五〇万トン、一九九七年には六万七〇〇〇トン、二〇〇〇年にも六〇万トンを支援し、何ら見返りもない。甚だしきは、自民党のある議員など、「警察が有本さんを拉致（被害者）と認めたのはけしからん。北がミサイル撃ち込んできたら困る。北を刺激するとよくない。まず話し合いをすべきだ」と言ったのである。話し合いの結果がどのようなものであるか、今日明らかであろう。

先述した韓光熙氏の著書に書かれている「対日姿勢——北朝鮮の指針」について、参考までに記しておく。これが対日交渉の要諦だという。

日本の当局と交渉するには、「民族差別」だの「過去の歴史」だのを持ち出して、ことさら猛々しく振舞い、理不尽な要求でも呑ませるようにすること。そうすると、敗戦国として贖罪意識を植えつけられている日本人は、きまっておとなしくなってしまう。この方法でたいていうまくいった。

四　関係者のその後

テロリストたちのその後

二〇一六年七月現在のハイジャック犯らのその後である。

田宮高麿（リーダー）　一九九五年、北朝鮮で死亡（五十二歳）
吉田金太郎　一九八五年、北朝鮮で死亡（三十五歳）
岡本武　一九八八年、北朝鮮で事故死（四十三歳）
田中義三　二〇〇〇年六月、タイ国で逮捕。裁判を経て服役中の二〇〇七年に死亡（五十八歳）
若林盛亮　北朝鮮に在住、六十五歳
小西隆裕　北朝鮮に在住、七十一歳
赤木志郎　北朝鮮に在住、六十八歳
魚本（旧姓・安部）公博　北朝鮮に在住、六十八歳

柴田泰弘　一九八八年五月、秘密帰国中に逮捕され、懲役五年の実刑判決、刑期終了。日本在住、六十三歳

マクドナルド神父のその後

金浦空港において、「よど号」乗客の解放直後、忽然と消えたマクドナルド神父は、五日後に日本に戻り、「死ぬまで日本を離れない」と言っていたが、三年後に米国に帰り、その直後に神父を辞めたという。

本書の単行本が刊行された年、二〇〇二年四月頃、茨城県古河市在住の読者Y氏から感想文が寄せられ、「ミステリアス神父、ダニエル・マクドナルドさんには昨年六月、ニューヨークのロータリークラブで逢いました。よど号人質になったとはなしてくれました」と書かれてあった。前後して、同氏から電話もいただいた。「マクドナルドさんは、今はビジネスマンとして成功されて、とても元気でしたよ。パーティー会場で、彼の方から寄ってきて『よど号』に乗っていたんです、こわかったですよ、と日本語で思い出深そうに話しかけてくれました」という内容であった。したがって、二〇〇一年頃は元気にビジネスマンとして活躍していたということである。

「よど号」がなぜ金浦に降りたかの謎の鍵はマクドナルド神父の存在であった、と本書で述べ、彼が米国ＣＩＡのエージェントであったからだろうと推測した。これを受

けて、その後新聞やテレビの取材記者が再三訪ねてこられた。「マクドナルド神父に会って是非取材したい。ついては彼は今、どこにいるのか」と尋ねられた。そのヒントとして、かつて神父が所属していた四谷のカトリック教会に問い合わせれば判るはずだと言い、但し、もし住所がわかっても、取材目的の性質上、応じてくれないだろうし、会えても事件当時のこと（身分）は話してくれないでしょう、と答えておいた。ある取材記者は、住所がわかり、コンタクトがとれたと喜んでおられた。しかし米国に赴いたが会ってくれなかった由。

マクドナルド氏が会ってくれても、ＣＩＡのエージェントであったという証言は得られるはずもない。氏の謎は沈黙の闇に深く沈んだまま歴史に顔を出すことは永久にあるまい。

しかし私は、本書単行本刊行後、新たな事実が次々に明らかとなり、私が推測した彼をめぐる謎は解明されたと思うようになった。

その根拠は次のとおりである。

一、「よど号事件」が発生したとき、米軍とＫＣＩＡが管制官蔡熙錫氏に対してとった不可解な行動。

二、蔡熙錫氏の管制記録に記されている、「よど号」を管制し、金浦に降ろした経緯。

三、韓国政府が「石田機長が勝手に金浦に着陸した」という欺瞞文書を発表したこと。

四、福岡板付空港で米軍が五時間も時間稼ぎをし、その間に金浦をピョンヤン空港に偽装したこと。

五、マクドナルド神父が戒厳令下の空港から消えたが、日本航空には韓国政府から何の咎めもなかったこと。

六、マクドナルド氏がマスメディアの取材を拒否しつづけたこと。拒否しなければならない事情があるからだろう。

これらの事実を組み合せ、時代背景を勘案しながら透視すれば、マクドナルド氏の謎はその容《かたち》を現わしてくると思うし、「よど号」が金浦に降りた謎も解けたと思う。たった一人の米人乗客をハイジャック機から降ろすために、米ＣＩＡ、米空軍、韓国大統領府などの組織・機関が緊密に連携していたのである。この人物が純粋な民間人などではなかった証左であろう。

石田機長のその後

韓国政府が、二〇〇六年三月三十日に発表した「よど号」事件の公開文書について、

「公開文書は事実と異なり捏造である」と断言した石田元機長は、その五カ月後の八月十三日、肺癌のため八十三歳の生涯を静かに閉じた。

主要参考文献

『暁の空にはばたく』平木国夫著（読売新聞社、一九七〇年）
『宿命』高沢皓司著（新潮社、一九九八年）
『日本航空二〇年史』日本航空株式会社調査室編集（一九七四年）
『日本航空社史』日本航空株式会社統計資料部編集（一九八五年）
『ヒコーキ野郎』斎藤進著（潮出版社、一九七六年）
『若き将軍の朝鮮戦争』白善燁著（草思社、二〇〇〇年）
「判例時報」九八九号――東京地裁昭五十五・一・三十判決
「文藝春秋」（一九七〇年六月特別号）
「読売新聞」「毎日新聞」「朝日新聞」
『わが朝鮮総連の罪と罰』韓光熙著（文藝春秋、二〇〇二年）
「『よど号』ハイジャック事件などに関する外交文書」（韓国政府、二〇〇六年三月三十日公開）
「月刊朝鮮」（二〇〇三年七月号）

＊本書は、二〇〇二年に当社より刊行した『「よど号」事件 三十年目の真実』を改題し、文庫化したものです。

草思社文庫

「よど号」事件 最後の謎を解く
対策本部事務局長の回想

2016年10月10日　第1刷発行

著　者　島田滋敏
発行者　藤田　博
発行所　株式会社 草思社
〒160-0022　東京都新宿区新宿5-3-15
電話　03(4580)7680(編集)
　　　03(4580)7676(営業)
　　　http://www.soshisha.com/

本文組版　有限会社 一企画
本文印刷　中央精版印刷 株式会社
付物印刷　中央精版印刷 株式会社
製 本 所　株式会社 坂田製本
本体表紙デザイン　間村俊一

JASRAC 出1609614-601

ISBN978-4-7942-2228-2　Printed in Japan

草思社文庫既刊

ロー・ダニエル
竹島密約

「解決せざるをもって、解決したとみなす」1965年、竹島問題を棚上げする密約が河野一郎国務大臣と丁一権総理で交わされた。密約に至った全プロセス、そして金泳三政権で反故にされた理由を明かす。

横田早紀江
めぐみ、お母さんがきっと助けてあげる

北朝鮮に拉致された横田めぐみさんの母が、事件から二十年以上にも及ぶ辛苦の日々とその心中を綴った手記。「拉致事件」というものの、あまりに理不尽で悲痛な現実が切々と伝わってくる。

白善燁
若き将軍の朝鮮戦争

1950年、北の奇襲により朝鮮戦争が始まった。北の狙いは何だったのか、いつから米中対決の場となったのか、南北分断の真因とは？　第一線で指揮をとった韓国軍名将が明かす知られざる真実の数々。

草思社文庫既刊

西岡 力
増補新版
よくわかる慰安婦問題

90年代に突如として巻き起こった「慰安婦問題」はさまざまな検証を経て、真実でなかったことが明らかにされている。なぜ慰安婦問題は繰り返し浮上し、日本は糾弾されるのか。問題の核心に迫る！

鳥居 民
毛沢東　五つの戦争

朝鮮戦争から文革まで、毛沢東が行なった五つの「戦争」を分析し、戦いの背後に潜む共産党中国の奇怪な行動原理を驚くべき精度で解明する。いまなお鋭い輝きを放つ鳥居民氏処女作、待望の文庫化！

鳥居 民
「反日」で生きのびる中国

中国各地で渦巻く反日運動――その源流は95年以降の江沢民の愛国主義教育に遡る。中国の若者に刷り込まれた日本人への憎悪と、日本政府やメディアの無作為。日本人が知らない戦慄の真実が明かされる。

草思社文庫既刊

山岡淳一郎
田中角栄の資源戦争

70年代、日米関係のタブーを超えて角栄が挑んだ世界の「資源争奪戦」の恐るべき真相とは？石油依存を脱すべく原子力へ踏み出した日本の航路をたどり、3・11後の日本の進むべき道を問う。

中村雪子
麻山事件
満洲の野に婦女子四百余名自決す

昭和二十年八月、満洲の麻山で、ソ連軍機械化部隊の包囲攻撃を受けた哈達河開拓団の四百余名の婦女子が、男子団員の介錯により集団自決した。満蒙開拓団最大の悲劇の全貌を明らかにした慟哭の書。

七尾和晃
闇市の帝王
王長徳と封印された「戦後」

終戦直後の東京で、一等地を次々に手中に収めていった中国人・王長徳。闇市を手はじめに多彩な事業を手がけ、「東京租界の帝王」と呼ばれた男の凄絶な生涯を追った傑作ノンフィクション。

草思社文庫既刊

ぼくの日本自動車史
徳大寺有恒

戦後の国産車のすべてを「同時代」として乗りまくった著者の自伝的クルマ体験記。日本車発達史であると同時に、昭和の若々しい時代を描いた傑作青春記でもある。伝説の名車が続々登場！

技術者たちの敗戦
前間孝則

戦時中の技術開発を担っていた若き技術者たちは、敗戦から立ち上がり、日本を技術大国へと導いた。零戦設計の堀越二郎、新幹線の島秀雄など昭和を代表する技術者6人の不屈の物語を描く。

悲劇の発動機「誉」
前間孝則

日本が太平洋戦争中に創り出した世界最高峰のエンジン「誉」は、多くのトラブルに見舞われ、その真価を発揮することなく敗戦を迎えた。誉の悲劇を克明に追い、日本の大型技術開発の問題点を浮き彫りにする。

草思社文庫既刊

兵頭二十八
北京が太平洋の覇権を握れない理由

太平洋をめぐる米国と中国の角逐が鮮明化しつつある。中国共産党が仕掛ける〝間接侵略〟の脅威とは？ 米中開戦を想定し、日本はじめ周辺諸国がこうむるであろう影響を、軍事評論家がリアルにシミュレート。

兵頭二十八
「日本国憲法」廃棄論

マッカーサー占領軍が日本に強制した「日本国憲法」。自衛権すら奪う法案を日本が丸呑みせざるを得なくなった経緯を詳述。近代精神あふれる「五箇条の御誓文」の理念に則った新しい憲法の必要性を説く。

兵頭二十八
日本人が知らない軍事学の常識

戦後日本は軍事の視点を欠いてきた。軍事学の常識から尖閣、北方領土、原発、TPPと日本が直面する危機の本質をとらえる。極東パワー・バランスの実状を把握し、国際情勢をリアルに読み解く。

草思社文庫既刊

鳥居 民
昭和二十年 第1～13巻

太平洋戦争が終結する昭和二十年の一年間、何が起きていたのか。天皇、重臣から、兵士、市井の人の当時の有様を公文書から私家版の記録、個人の日記など膨大な資料を駆使して描く戦争史の傑作。

鳥居 民
鳥居民評論集 昭和史を読み解く

太平洋戦争前夜から敗戦までの日本の歩みを膨大な資料を収集、読破したすえにたどり着いた独自の視点・史観から語る。歴史ノンフィクション大作『昭和二十年』未収録のエッセイ、対談を集めた評論集。

鳥居 民
原爆を投下するまで日本を降伏させるな

なぜ、トルーマン大統領は無警告の原爆投下を命じたのか。なぜ、あの日でなければならなかったのか。大統領と国務長官のひそかな計画の核心に大胆な推論を加え、真相に迫った話題の書。